大夏书系

一位作家母亲的家教笔记

顾艳◎著

孩子，你如此优美

华东师范大学出版社
EAST CHINA NORMAL UNIVERSITY PRESS

图书在版编目（CIP）数据

孩子,你如此优美/顾艳著. —上海:华东师范大学出
版社,2009

ISBN 978 - 7 - 5617 - 6983 - 6

Ⅰ.孩… Ⅱ.顾… Ⅲ.家庭教育 Ⅳ.G78

中国版本图书馆 CIP 数据核字(2009)第 038486 号

孩子,你如此优美

著　者	顾　艳	
责任编辑	林茶居	
封面设计	大象设计	
责任印制	殷艳红	

出版发行　华东师范大学出版社
　　　　　　市场部　电话 021 - 62450163
　　　　　　　　　　传真 021 - 62865537

http://www.ecnupress.com.cn

社　址	上海市中山北路 3663 号　邮编 200062	
印刷者	北京振兴华印刷有限公司	
开　本	700×1000　16 开	
印　张	15.5	
插　页	2	
字　数	142 千字	
版　次	2009 年 4 月第一版	
印　次	2009 年 4 月第一次	
印　数	10 000	
书　号	ISBN 978 - 7 - 5617 - 6983 - 6/G·3913	
定　价	28.00 元	

出 版 人　朱杰人

(如发现本版图书有印订质量问题,请寄回本社市场部调换或电话 021 - 62865537 联系)

目 录

目 录

序　在美丽的斯坦福大学

解芳

在美丽的斯坦福大学，我刚结束了博士阶段第一个学期的学习。母亲传来《孩子，你如此优美》的书稿让我作序，我既满怀幸福又心存胆怯。母亲顾艳是一个作家，也是世界上最疼爱我的人。这么多年来，我点点滴滴的进步都倾注着母亲的心血和精力。我是在母亲读书写作的背影中长大的，母亲的背影之于我就是一种知识和力量的启蒙与感召。

在这本书里，母亲从我的出生一直写到我的现在。我的生命流程，在母亲笔下摇曳生辉。母亲付出的艰辛，以及那"说不尽的悲与喜"，都令我感到生命的重量和成长的诗意。我们的生活有欢乐也有苦难，但母亲能超越苦难，保持平常之心，这是相当不容易的。她以她的母亲情怀，给予我最深的爱和最丰富的教育，使我今天得以在美丽的斯坦福大学拥抱更美好的理想。

半年多来，我在有着"西部哈佛"之称的斯坦福大学校园里，感受着它深邃、厚重的学术氛围和艺术氛围。优雅的胡佛塔，典雅庄严、饰满壁画的纪念教堂，罗丹雕塑群，以及大片的树林、山地，红瓦黄墙的建筑，都具有一种既精致又粗犷开阔的美。在这样的环境里，我产生了更强烈的对学问的热诚、对人文世界的关切。尽管我是北大中文系毕业的硕士，接受过专业训练，但在以英文写作为主的斯坦福大学，我必须从头学起、埋头苦干。我的身边，都是一些严谨认真的学者、教授，他们沉潜于研究，专心于自己的学问，是我的楷模和榜样。除了用英文写作，在母亲的不断敦促下我也抽空进行中文创作，不断地读书写作，并借此进入自我生命最深的感受中。

三十年的文学生涯，三十年冷板凳上的修炼，母亲就像虔诚的教徒一样。写作之于她，可谓无比神圣。而我们这一代被称作"80后"的青年，处在网络化、世俗化和全球化的时代，不免遭遇精神沉沦的危机。因此，对于已在西方大学里深造的我来说，写作依然是一种最好的自救。

从前我一直没有属于自己的房间，来到美丽的斯坦福大学后，我不仅拥有了"自己的房间"，而且"内心的房间"变得阔大。与不同国籍、不同文化背景、不同肤色的人相处在一起，能学到很多东西。然而事实上，我大部分时间都在"自己的房间"中度过。房间里，各种英文书与中文书占据了最大的空间。我生活在现实与想象的交错中，有时想象就牵引着我回到故乡，回到母亲的身边，倾听母亲对在生命困境中所发现问题的阐释，以及对我把生命、灵魂与学术、创作相互衔接、相互贯通的期许。

母亲是我的文学引路人，也是我的精神支柱。母亲似乎天生就有一种老庄气质，乐观，善于思考，崇尚生命自然。面对苦难和灾难，她总能从容应付，能从中看到美好的未来。虽然人已中年，可骨子里的诗人秉性，让母亲既有孩童的天真又有哲人的深邃，还有历经世事风雨后的沧桑之美。

我和母亲一起走过来的成长之路，母亲都写在书里了。她让我感恩又感动。虽然我不能再像从前那样和母亲在书房里背对背地读书做功课，但我和母亲的心是连在一起的。我的学术和文学之路正处在开启阶段，对学习的精益求精是母亲的期望，也是我对自己的要求。母亲是我的知音，有这样知音般的母亲是我的福分。母亲不断跋涉的灵魂，将永远激励着我前进。

是为序。

2008 年 12 月 18 日于美国斯坦福大学

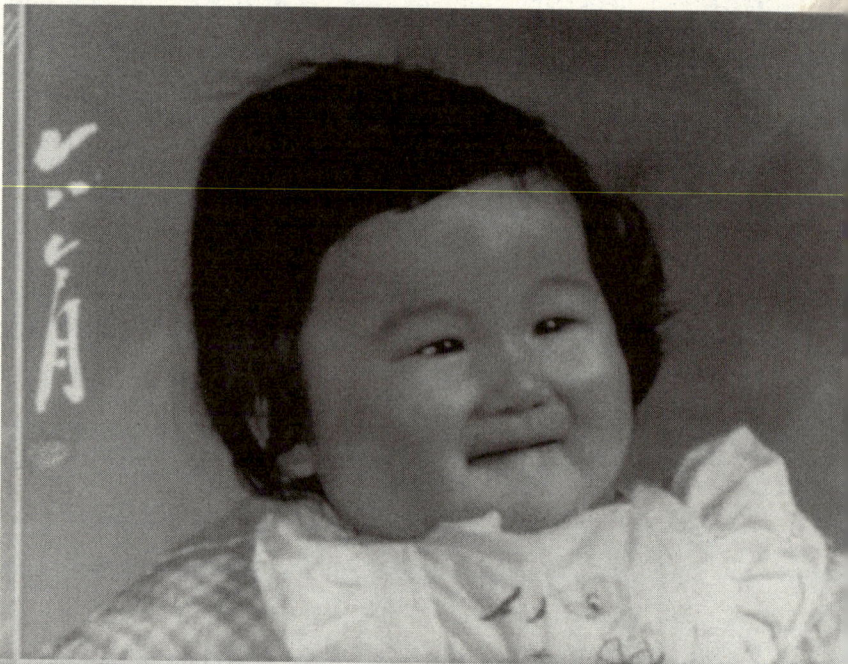

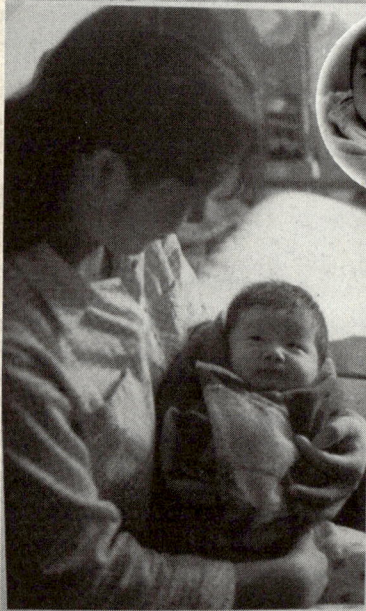

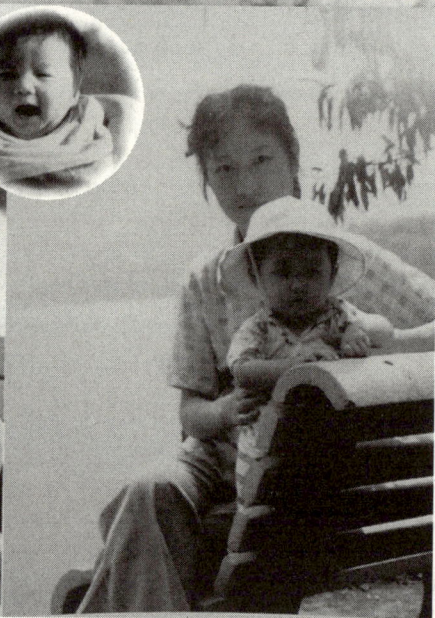

在田野　阳光是好的
每一个稻穗
都是一句方言
宛如布谷鸟的歌声
——顾艳《水稻》

1. 怀孕的骄傲与美丽

疼痛是循序渐进慢慢加剧的。我想象着我的孩子正在通过黑暗的隧道，朝着金光闪闪的大地奔来。我忍着疼痛，看见医生来了便问："开几指了？"

那年结婚不久，我就怀孕了。当时我们租住在朝晖新村的一套公寓里。刚刚大学毕业参加工作的我，并没有想马上要孩子。这不速之客，让我既高兴又不安，但把他（她）生下来是毫无疑问的。

站在阳台上，可以望见丰盈的稻穗掀起一层层金色的浪；田野一边，正在施工的建筑物就像张开了灰色羽翼的巨鸟。傍晚，我和丈夫有时会到泥泞的田间小路去走一走。丈夫是军人出身。从越南前线凯旋时，荣立二等军功章。我们的恋爱有一种浪漫情怀：他是军人，我是大学

1

生。1981 年 3 月，我在《北方文学》发表了两首处女诗作。如此一发而不可收拾，接下来几年，一首首诗歌变为铅字——每每想着他威武帅气地在前线出生入死，而我在后方校园里读书，美好的想象便腾飞了起来。

最初怀孕时，我白天上班，晚上依然读书写诗。那天我写下："宝贝，你来了，但我还没有形成你。"我突然有了做母亲的感觉，随即放下手中的笔，打开衣橱取出两卷中国红毛线。我要给我肚子里的孩子，编织一套毛衣毛裤。我的父母、公婆，都是所在单位的中流砥柱，他们不可能帮我照看孩子。我必须学会独自承担。

那时候我的月工资 54 元，丈夫部队复员是 36 元。而一套绒布小衫儿要十多元，一只精致的肚兜兜也要七八元。我们没有积蓄，想着用钱的日子还在后头，我在百货大厦婴儿用品柜台前徘徊，什么也不敢买。于是我打算用家里柔软的旧布料，给我未出世的孩子创造一个布衣世界。然而空手回到家，心里还是酸酸的。说真的，这是我有生以来第一次感到钱的重要。

接踵而来的早孕反应，让我不仅被迫封笔，连毛衣也编织不成了。白天我在单位里支撑着工作，晚上回到家蒙头就睡。恶心和呕吐，让我吃不下东西，但有时又非常想吃点什么，却无法起床做。这时我特别希望身边有人问寒问暖，给我做可口的饭菜。然而没有，家里静得能听见自己心跳的声音。我就常常这么饿着。丈夫出差回来，我很想冲他发脾气，但又担心伤了胎气，便隐忍着不作声了。

熬过了早孕反应，我的胃口一天天好起来，气色渐渐变得红润，脸上没有出现那种妊娠斑。怀孕5个月时，我已经编织完两套毛衣毛裤和一件毛线大衣。看着自己亲手编织的小衣服，我心里有说不出的喜悦和成就感。

有了这些成功，我开始信心十足地裁剪和缝纫婴儿服了。中午在办公室，我用报纸剪了纸样，晚上回家把纸样贴在柔软的旧棉布上裁剪下衣料。缝纫机的"嗒嗒"声响起，一件婴儿的大襟小袄儿很快就做好了。没想到从不善女红的手，突然灵巧了起来，激动得我对肚子里的孩子说："亲爱的小宝贝，这是妈妈亲手给你缝制的小袄儿啊！还会有摇篮、床铺和五颜六色的玩具。你知道吗，你已拥有了一颗妈妈永远爱你的心！"

不出一个月，我已经做好婴儿所需的衣裤、鞋帽、尿布和小棉被。叠在童床上，满满一大堆。我怀着农民获得丰收一般的喜悦，一件件拿出来给邻居看。

怀孕6个月时，我的肚子还不太显山露水，仍然骑着自行车上下班。从朝晖新村到单位，最快也得半小时。一个雨天，因为赶时间，不慎人和车一起摔倒了，赶紧去医院做B超，幸好无碍。从此，我再不敢骑自行车，只好挤公交车去。

进入盛夏，我的肚子像气球般一下鼓了起来。我知道胎儿在宫内逐渐长大，已经有知觉了。我的一言一行将潜入她的心里，影响她今后的个性。作为一个孕妇，她不仅要给胎儿一个安全舒适的生存空间，还要把自己对人与事的把握和分寸感，把一些美好的东西，渗透到胎儿的感觉里去。想到这一点，我为自己是孕妇而心生骄傲。

工作日的早上，我穿着镶有花边的孕妇裙，挺着大肚子骄傲地走在机关大楼里。我所在的研究所工作不算忙，但也绝不闲。那时办公室没有空调，连电风扇也没有。即使什么事情也不干，挂西的太阳也会让人热得汗流浃背。同事们见我吭哧吭哧拖着大肚子操劳受累，都冲我说："该请产假啦！"

但我打算把 3 个月的产假，节省到孩子出世后用。

预产期快到了。那天我去省妇女保健院做产检，医生告诉我说："你的胎位有点偏，要在床上做做俯卧撑。"天哪，每个月我都做产检，怎么偏偏快到预产期才发现胎位不正的问题呢？我突然害怕起来。女同事们告诉了我很多纠正胎位的土方法，有一个还给我买来艾草。她告诉我把艾草放在脚后跟熏，胎位就会变正。于是每天下班回家，我在电饭煲放下米后，便到床上做俯卧撑，晚饭后再点燃艾草熏脚。这样烦累的功课做了一个星期，我就坚持不下去了。那种孩子可能缺胳膊少腿或兔唇的恐惧感，时时侵扰着我。我坐在椅子上，双手摩挲着撑得满满的肚皮，无声地说："宝贝，你快出世了，无论你是男是女，是健康还是残缺，妈妈都会永远爱你！"

9月12日清晨，我刚一醒来就感到床上湿湿的。手一摸，整条内裤全湿透了。离预产日还有10天，这是什么水呢？我的心倏地一紧：莫非胎膜破了羊水外溢，我要临盆了？我推推身旁熟睡的丈夫说："快起来，送我去医院。"

出发时，我洗了脸，刷了牙，淡妆了一下，把头发编成一支独辫，下身裹上浴巾，还换上漂亮的孕妇裙。丈夫睡眼蒙眬地说："生孩子去，还化什么妆？"我没有吭声。我知道我就要躺到产床上去，我应该有一个好的精神面貌和一个母亲的美丽容颜，迎接我初生的孩子。

丈夫用自行车推着我去医院。我坐在自行车后座上，晃晃悠悠地穿过大街进小巷，身上裹着的浴巾又湿透了。我对丈夫说："要快一点，再快一点。"他一急，索性跳上自行车踩起来，把我的心悬到了半空。

到了省妇女保健院急诊室，医生说："早破水，住院吧！"医生开出住院单，丈夫去收费处交上单位记账单，我就顺利地住进三楼产科病房了。那里有一块"男人莫入"的牌子，让丈夫绝望地转身上班去了。

羊水不断往外溢，我躺在床上一动不敢动。母亲给我送来一大杯桂圆氽蛋，我狼吞虎咽吃完后，对她说："你上班去吧，不用来了，我没事的。"母亲离开不久，我肚子就开始痛了。我看了看表，正好是上午9点正。原以为肚子一痛孩子就马上生出来了，可查"宫门"的医生说："你才开了一指，早着呢！"

疼痛是循序渐进慢慢加剧的。我想象着我的孩子正在通过黑暗的隧道，朝着金光闪闪的大地奔来。我忍着疼痛，看见医生来了便问："开几指了？"大约下午4点左右，我被推进生产室。躺到产床上，我又以为再忍一忍孩子就马上出世了。于是我咬紧牙关，不喊不叫不呻吟，我要把力气留给孩子，助他（她）顺利出世。

有医生来到我的产床边告诉我："你的胎位不太正，给你做个内测量，看看是否可以自己生，如果不行就要剖腹产。"我说："哦，能生就自己生吧！"医生测完，见我疼痛得像受酷刑一样，几乎是自言自语地说："如果剖腹产，马上可以手术。如果自己生，胎儿没有足够的羊水润滑产道，可能会难产。"听到这话，我突然意识到她会劝赶回来正等在外边的丈夫同意对我做剖腹产。我倏地大喝一声："我要自己生！"

我继续疼痛着，那种疼痛就像把整个人撕裂了一样。我身边的产床不断更换产妇，每次听到婴儿落地的第一声啼哭，我的疼痛仿佛就减轻一些。夜深时，产房里的其他产妇生完孩子全都离开了，只剩下我一个人，这不免使我焦虑起来。我想我才 25 岁，怎么生孩子竟像高龄产妇那样不容易！

四周静悄悄的。疼痛让我紧闭双眼，紧握拳头，汗水从每一个毛孔淌出来。我知道没人能分担我的疼痛，但只要平安生下孩子，我的疼痛实在算不了什么。天麻麻亮时，护士来给我打催产针，她说："你早破水，没有足够的羊水为胎儿润滑产道，宫口也没全开，所以一时还生不下来。"听到这样的话，我突然心一酸，为孩子还在娘胎就要走艰难的路而掉下眼泪来。

疼痛持续了二十几个小时，我已经麻木了。躺在产床上，像一条奄奄一息的垂死的病狗。一大清早，邻床新来的产妇们喊叫声又此起彼伏。随着她们的新生婴儿的啼哭，我仿佛听见了自己孩子的哭声。我想快了，快了，再坚持一下，孩子就会度过黑暗来到阳光灿烂的世界了。

上午八点多，护士给我的鼻孔插进了输氧管。接着两个医生和三四个护士围到我床边，其中一人对我说："你需要上产钳。"说着，她们立即行动了。她们轻按我的腹部，让我用力。我闭上眼睛使尽全力，牙齿"唰"一下浮起，头发也觉得竖了起来。我分明能感觉到孩子滑溜溜的身体，挣扎着涌到产道口，最后被一件冰冷的东西接了出去。

　　"哇"的一声哭喊，孩子落地了。

　　医生给孩子称了重量，然后托着孩子的小屁股，告诉我说："是个大胖女儿，七斤三两。"

　　我微微地笑了。

2. 生命中的生命

第一次感到我已经拥有了她——我的女儿。无论将来有多么艰难困苦，我都会引领着她，为她遮风避雨，陪她走过万水千山。

这是一个结着丰收果实的黄灿灿的秋日上午，和煦的阳光伴着浓郁的果香味弥漫在产房里。一种初为人母的幸福感，油然而生。我躺在推车上，也许是因为难产，护士交代我必须静静地躺上半小时。这时我并不知道护士把我初生的女儿裹成一个小小的蜡烛包，正放在我的身边。当护士推着我回病房时，这小家伙"呜哇呜哇"地哭起来了。我问护士："孩子在我推车上？"她说："是的。"

"快抱给我看看。"我激动地说。

护士抱起她，她就不哭了。我第一次看到她圆圆的粉红嘟嘟的脸蛋儿，一头茂密的棕黄色胎发。这就是我生命中的生命啊！我想坐起来抱抱她，可是我的腰断了似的不能动。护士把我们推上三楼病房时，女儿被抱进了育婴室。我并不知道我们母女要三天后才能相见。下午婴儿车一出来，我就支撑着下地，远远地等在病房口。一长溜襁褓中的婴儿，我一个个看过去。护士说："你别看了，你的孩子要三天后出来。"

"为什么？"我惊讶地问。

"难产和剖腹产的小毛头，必须在育婴室里观察三天。"

"哦，可我想她！你把她抱出来给我吧！"

"不能，这是医院的规定。"

我绝望极了，眼泪倏地盈满眼眶。那等待的三天，何其漫长。终于到了第四天下午，婴儿车一推出育婴室，我就快步走过去，在一溜儿数十个婴儿中，一眼就认出了我的女儿。我端详着她红如朝霞的小脸蛋，激动地把她抱在怀里。

回到病房后，我却羞涩得不敢敞开怀。"快给你女儿喂奶呀！"邻床产妇说。

我咬了咬牙，解开了衣服，胀鼓鼓的乳房一挤，金黄色的初乳喷涌而出。我把乳头送进女儿嘴里，她就吧嗒吧嗒地吮吸起来了。一阵猛力吮吸后，她停下来喘气，我给她换了另一只乳房。这下，她闭着眼睛就自己寻找到了乳头，一含进嘴里又吧嗒吧嗒地吮吸起来，直吮吸得额头渗出了细细的汗珠。我惊讶于才四天的孩子，竟然如此老练。这真是天性使然啊！

我们给女儿取了名字叫"解芳"，我们叫她"芳芳"。才六七天，芳芳就已经是滑稽表演高手了。每每吃饱后，她总要吹气泡，皱眉头，面部表情可丰富啦！我呆呆地看着她，轻轻地吻着她发红的小脸蛋。第一次，我感到我已经拥有了她——我的女儿。无论将来有多大的艰难困苦，我都会引领着她，为她遮风避雨，陪她走过万水千山。

芳芳出生十天时，我抱着她出院了。这天天气格外晴朗，丈夫开着轿车来接我们母女俩，一起来的还有我的父母和同事。襁褓中的芳芳，眼睛睁得大大，仿佛这个陌生的世界让她感到惊奇。

我们的大床左边，已安置好女儿的婴儿床。婴儿床可摇可升降，还可以推着走。当我把她放到婴儿床时，她已经睡着了。我想她是一个不太会哭闹的婴儿吧，自己可以高枕无忧地和她一起过吃了睡、睡了吃的日子啦。谁知这小家伙一醒来，就"呜哇呜哇"大哭起来。我左抱右抱，她还是哭，赶紧给她喂奶，可一会儿她就全吐出来了，吐得脖子、胸前一片湿湿的。我给她擦干净，换了围嘴再继续喂奶。吃饱后，她又开始哭了。这下我不知道她为什么哭，只能抱着她，轻轻地拍着她、哄着她，在房间里来回踱步，而她的哭声却越发响亮了，直哭得我晕头晕脑。我终于想起自从医院回家，都还没给她换过尿布呢！

我手忙脚乱地给她解开蜡烛包，尿布已经湿透了。第一次给女儿换尿布，我傻傻地看着她宛如小猫儿般的身体，生怕弄疼了她，竟不知从何下手。半晌，我才颤抖着手抓起她的小脚丫，把尿布垫了进去。然而等第二次给她换尿布时，才发现尿布没垫紧，尿全漏在蜡烛包上了。

九月下旬，有几天特别热。我改用浴巾裹着她，任她的小脚小手自由舞蹈。她舒服了，就停止哭闹，但我已累得腰酸背痛。我知道月子里的产妇一定要休息好，才不会留下病根。可我顾不得那么多，总是孩子一哭就立即把她抱起来。这样，我躺在床上休息的时光格外少。尤其到了夜晚，几次抱着她喂奶，哄着她在房间里来回踱步，自己睡意全无。不过能让芳芳安恬地睡去，能看着她在睡梦中不断地吹泡、皱眉、做怪相，我心里很高兴。这是混沌中的生命啊！

在产科病房的育婴室，芳芳一天洗一个澡。可是回家十天了，我们还没给她洗过澡。每次给她换尿布，用温水给她擦小屁股时，那小小的腿脚抓在我手上，都怕给弄断了。我不敢给她洗澡，也不想麻烦母亲。于是待丈夫一个休息天，我们决定给芳芳洗澡。

丈夫兑了温水端进卧室来，双手捧起芳芳赤裸柔软的小身体。在阳光的照耀下，我们的芳芳就像一个金色的天使。我将水轻轻地洒到她身上，她快乐极了。然而洗完澡，给她涂完爽身粉后，如何给她穿上大襟小衫儿又成为一道难题。她的双臂实在太小太柔软了。我给她套进一只袖筒，另一只小手就必须弓起来才能穿上衣服，这让我惶恐。我犹豫了一下，小心翼翼、一点一点，终于给她穿好了，一种强烈的成就感油然而生。

芳芳满月后，我的产假还有两个月的时间。白天丈夫上班去，不用再像我坐月子时那样中午跑回来忙碌。一整天，我在家里为我的小芳芳喂食、换尿布，给她洗澡，对她微笑，跟她说话。从两个月开始，除了母乳，我还给芳芳喂荷花糕、菜汤、水果汁。每天下午，我抱着她坐在阳台上，一边晒太阳、一边敞开怀给她喂奶。在她的吮吸中，一种孩子给予母亲的幸福感和圣洁感，让我的内心格外宁静和安稳。

过了元旦，我必须去上班了。我们没有请保姆来家里带芳芳，而是选择送她上托儿所，让她过集体生活。我认为从现在开始让芳芳过集体生活，对她将来的智力发展和适应能力的形成都有好处。然而我和丈夫所在的单位都没有托儿所，我便把她放到了我们单位所辖工厂的托儿所。

那里虽然简陋但非常干净，四个阿姨管十几个孩子，全是十八个月以下的婴幼儿。第一天早上，当我把芳芳放到托儿所的藤床上时，她哇哇大哭。我有点于心不忍，但最后还是硬下心来自己上班去了。

让她这样去面对陌生的阿姨和小伙伴，虽然有点残酷，但这是必需的。这天我身在办公室，心却一刻也没有离开过我的芳芳，耳畔总是缭绕着她的哭声。好不容易熬到中午，我踩着自行车飞快地来到托儿所，发现她很乖地躺在藤床上咿咿呀呀地叫着，见我来了，还欢快地蹬起了双腿。我感动极了，一把将她抱起来亲了又亲。

我惊讶于她这么快就适应了新环境。

接下来的日子，我每天抱着芳芳挤公共汽车。几天下来，我看着她坐在托儿所的摇车里，咿咿呀呀地与阿姨和小伙伴交流着，便知道她已经喜欢上了这个新天地。

由于芳芳在托儿所呆了长长一天，回家后我就让她躺上摇车，再推到小花园里。这时天空在她面前低垂，云朵和彩虹都在与她做游戏。邻居小伙伴们捧来五颜六色的玩具挂在摇车上，给她讲故事，她听着听着竟然哈哈大笑了起来。

然而两个月下来，既要上班又要带孩子的我，感到浑身的骨头都散了架。尤其大冷天，母乳不够吃，半夜起来给她冲奶粉、烧乳糕，常常被冻得牙齿直打颤，睡眠也严重不足。丈夫对工作非常敬业，时常出差，我只能练就十八般武艺。可是有一天，我发现我不对劲了，全身无力吃不下饭。我撑着一天又一天，最终还是病倒住进了医院。这时我的芳芳才五个多月大，我知道她不能没有妈妈。于是在生死线上，我挣扎着，挣扎着……

3. 小河流水小河长

　　　　可惜我只听得见她撕扯开的童音，却看不见
她在我背后明媚的笑容。

　　大病手术后，一拆线，我就要求出院了。十天没见到
我的小芳芳了，我一下子把她抱在怀里，忽然听见她叫了
一声"姆——妈"，我惊喜极了。我有了写诗的渴望。于
是每天晚上哄女儿睡着后，我就在她身边的尿布堆上写
诗。停顿了多时的笔，又被我拿起来了，我的内心仿佛有
了依托和支撑。

　　在我住院和病休的大半个月里，丈夫每天送芳芳去托
儿所。有一天我想把她留在家里，她却"咿咿啊啊"地叫
着扑向爸爸。她喜欢去托儿所，喜欢与小伙伴一起坐在摇
车里，把摇铃晃得嚓啷啷响。

　　芳芳半岁多的时候，我突然来了灵感，决定在她还不
能完全用语言表达时，为她写日记。如果我不把它记下

来，那么她的这段混沌中的生命将会失去另一份生动。我为我的这一想法，激动不已。接下来的每一天，为她写日记就成了我的功课。

盛夏时节，十个月大的芳芳已经不喜欢学步车了。稍不留心，她就会从学步车上爬出来。有时爬到沙发上，有时爬到窗口的缝纫机上，好几次把我吓得丢了魂。一天，我做好饭菜看见她正扶着沙发走，便喊："来，到妈妈这里来。"

没有东西扶，她胆怯着。当我再喊她时，她摇摇晃晃地走过来了。我一把抱紧了她，为她的胜利而欢欣鼓舞。她却挣脱了我，又继续摇摇晃晃地走起来。我的小芳芳终于学会走路了。她兴奋地在房间里走来走去，吃完饭后还嚷着要出去。我就搀着她的小手来到田间小路上，让她亲手摘一朵小黄花。她快乐极了。

几天后，她已经把路走得很好了。在托儿所里，还调皮地站到别的小朋友的摇车上，抢了小朋友手中的棒棒糖，把小朋友惹得哇哇大哭。她的这一举动，完全出乎我的意料。但我没有给她一顿呵斥，而是突然觉得教育孩子实在是一个非常重要的问题。

芳芳周岁那天，我已经为她记满了厚厚一本日记。晚上哄她睡觉时，我把日记念给她听，她听得咯咯直笑。她知道我在讲她的故事，她的眼神仿佛在问询："我怎么是这样的呢？"

那年深秋，我们从朝晖新村搬到了中山北路一套两室一厅的房子。那是单位分配给我们的宿舍房，在 20 世纪80 年代中期已属相当不错了。中山北路是黄金地段，在市中心，离西湖也不远，离我上班的单位只两站路。有时挤不上公共汽车，我就抱着芳芳快步疾走。从此，中山北路就进入了我们的生命河流里。它古老、丰盈，不宽的马路上，汽车、三轮车、机动车、自行车，还有农民的手拉钢丝车，可谓车水马龙；沿街摇摇欲坠的百年老屋前，马桶一堆堆地码着。

芳芳十八个月大后，托儿所不收了，市级幼儿园不到三岁又进不了，我们只好把她放到中山北路上的居民区幼儿园：俩退休老太太，在一个不足十五平方米的房间里，管着十几个三岁以下的孩子。左边是孩子的床铺，右边就是孩子们玩儿的地方了。有小凳子、小桌子、小木马摇椅，还有积木、玩具狗熊和一架风琴。

每天上午老太太都会弹风琴教孩子们唱歌、做游戏，午睡后则教孩子们做广播操，给孩子讲故事和让孩子自由活动。两天评一次小红花，评上小红花的孩子奖励一朵红花和一个苹果。这比托儿所的内容丰富多了。我的小芳芳格外喜欢和小朋友一起玩，一起分享快乐。每次送她到幼儿园门口，她就快乐地和我说再见，然后转身往里走。一个月下来，她得的小红花和苹果最多。每次得到的苹果，她都分送给小朋友吃了。回家来她自豪地说："妈妈，我今天又得小红花和苹果，可是苹果我给佳佳吃了。"我说："你自己不想吃吗？"她说："想，可是我们家里有苹果。"我说："对呀，你做得很对。"她就高兴地雀跃起来了。

芳芳两岁时，我趁着陪她睡觉教她读唐宋诗词："床前明月光，疑是地上霜。举头望明月，低头思故乡。"芳芳的记忆力特别好，通常跟着念两遍就能背下来了。半年下来，她已会背不少唐宋诗词。这让我有了向同事们炫耀的资本。只要带她去单位，同事就笑哈哈地让她背唐诗，而她总是很争气，每每都能一字不差地背出来。

有段时间，每天晚饭她不肯好好吃，我只好带她到楼下的花园里，一边和她做游戏，一边喂她吃饭。一个多月下来，我发现这助长了她的坏脾气。为了改变她不良的吃饭习惯，我不再到楼下迎来追去地喂饭，她爱吃就吃，不吃就饿着。她哭着嚷着要到楼下去，我坚决不依。饿过一两顿后，她突然乖乖地自己吃晚饭了。然而，一顿饭下来，她吃得桌上和地上都是饭粒。我说："妈妈教过你唐朝诗人李绅的《悯农》吧，你背，我听听。"她想了想，开始奶腔奶调地背道："锄禾日当午，汗滴禾下土。谁知盘中餐，粒粒皆辛苦。"

"背得真好。可是你看你的饭粒都掉到了桌上和地上，多可惜啊！"

"哦，那我把它捡起来。"她说。

"地上脏的，不能吃，"我一边说一边比划着，"吃饭时左手要拿碗，右手一勺一勺地吃，不要把饭粒掉到地上。"

她不断地点头，似乎一下子懂了好多事。

一次《诗刊》发表了我写给芳芳的诗歌《相陪》，我拿着杂志念给芳芳听：

> 每天你都要妈妈陪着睡觉
> 但你不知道你睡着了妈妈又起来
> 不过，妈妈还是守候在你身旁
> 给你写着一首首小诗
>
> 当妈妈的诗行流露出对你的爱
> 你的小手忽然也伸出来寻找妈妈
> 这是你梦中的呼唤么
> 妈妈连连回答：妈妈在这儿，妈妈在这儿
>
> 妈妈把你的小手放回被窝
> 望着你梦中甜甜的微笑
> 妈妈想起了小时候妈妈的妈妈

妈妈的妈妈和妈妈一样

芳芳把杂志抓了过去，装模作样地看起来，然后调皮地说："妈妈在这儿，妈妈在这儿。"逗得我和她爸爸都笑弯了腰。

有时趁着洗菜，我告诉芳芳这是菠菜、黄瓜，那是西红柿、茄子。她在我身边黏够了，就自己去看书、搭积木，有时从抽屉里翻出一条大白丝绸方巾披在头上，喊："妈妈，白雪公主来啦！"

我说："啊，你真漂亮。"她就高兴极了。

那天晚上芳芳说起梦话来，我警惕地在她额头一按，滚烫滚烫的，女儿发高烧了。我心里一紧，赶快从床上蹦了起来给她测体温，竟然有40度。我推醒丈夫说："快起来，给芳芳挂急诊去。"

深更半夜，我们抱着芳芳来到医院。这是她第一次上医院看病。点滴打完后，天已经蒙蒙亮了。一大早，我向单位领导请事假留在家里照看她。第二天烧虽然退了，但我仍然舍不得送她去幼儿园，就又请了一天事假。第三天，高烧退后的芳芳还非常虚弱，但丈夫的工作很难请出假，我只好把她送到幼儿园。

每天清晨和傍晚载着她，我都喜欢绕些路，沿着一条小河行驶。那是为了让她感受小河边上的柳树和柳树的倒影，让她听那潺潺的河水声和鸟儿的啼叫声。亲近大自然能使人心旷神怡，芳芳坐在我的身后，快乐着、笑着、喊着。可惜我只听得见她撕扯开的童音，却看不见她在我背后明媚的笑容。

我们穿过风，穿过迷蒙的晨雾，拐进川流不息的大街。就快到幼儿园的时候，芳芳突然说："妈妈，小河流水，小河长。"

4. 假小子学画

　　她把着我的手在白纸上涂来涂去，还不断地
换各种颜色的油画棒。一会儿，一张宛如荷塘月
色的画儿就画好了。这是她教妈妈画的画儿，她
昂着头非常有成就感。

　　芳芳三周岁差十几天时，我终于将她转到了市行知幼
儿园。这是杭州最好的幼儿园之一，椭圆形的现代化建
筑，有着宽敞的教室和卧室。园内有石雕喷泉、音乐室、
旋转滑梯、小木马等。它坐落在浣纱路上，离我家两站路
远。

　　第一天进行知幼儿园，芳芳被新环境吸引着。当不少
孩子在家长怀里哭着、闹着不肯进教室时，她老练地走到
梳着一支独辫的年轻女教师身边道："老师好！"女教师当
即表扬了她，安排她坐到座位上。这时我还在窗外张望

着，她跑过来说："妈妈你上班去吧，别迟到了。"就像一个小大人似的，让我一阵感动。

行知幼儿园有音乐舞蹈课、图画课、手工劳动课、体育课、语文课和算术课，每三天评一次小红花。芳芳在幼儿园里非常活泼，特别喜欢唱歌、跳舞、画画。为了得到小红花，她严格遵守幼儿园的规章制度，绝不剩饭，不让尿拉在小床上。

自从知道行知幼儿园有严格的规章制度，下班接芳芳后我就考虑带她再玩一会儿。于是我不再急着赶回家做饭，而是带她绕西湖逛一圈。柳浪闻莺的秋菊开得很盛，我就带她去花的世界，告诉她这是什么菊，那是什么菊，让她给每一盆菊花取名字。她玩得非常开心，最后还叫自己为"花仙子"。

这天回家，她不要我给她洗澡，我说："出了汗怎么能不洗澡？"我给她脱了上衣，她却捂住裤子不肯脱了。我说："你尿裤子了吗？"她说："谁尿了？"

原来上午年轻的女教师给孩子们添热开水时，不慎把开水滴到了芳芳的右腿上，烫起了一个大水泡。可是我的小芳芳竟然不哭不喊、不声不响地隐忍着，也不肯告诉我。她说："都已经烫着了，还有什么好说的。"

"该说的应该说，不然谁知道你被烫着了呢？"我说。

"哦，那是老师烫的，也要说吗？"

"应该说，这是你的权利。"

第二天一早，我送芳芳去幼儿园，见到了那个年轻女教师，就给她看芳芳腿上的水泡。她连连道歉。我并无指责教师之意，而是想告诉孩子，要懂得维护自己的权利。

在家里，我常常把安徒生童话的小册子，剪下来贴在墙上，并让芳芳把家里的小猫、小狗、布娃娃等玩具放在一起"坐好"，由她当老师讲故事给它们听。这样她有了玩的兴趣，一个人也能玩出各种花样来。

一天黄昏，我带她去保俶山。夕阳下有美院的学生在作画，她就嚷着也要画。下山后，我带她去文具店买了油画棒。第二天上班听同事说，少年宫美术班有幼儿绘画培训，我就去给我的小芳芳报了名。

由于早上时间紧，没办法给芳芳梳辫子，我一直给她理着小男孩的那种发型。邻居和同事们常叫她假小子。现在假小子晚上要去少年宫美术班学画了，一连两个小时的学习，我还真不知道她能否坚持得住。不过事实证明，我的担心完全是多余的。在老师的指导下，小家伙一堂课下来就画了房屋、田野和穿红衣服的小女孩。自此，她每天都画画。家里到处是她的画。她似乎对画画很有兴趣。

那天下班，我把她从幼儿园接回家，让她自己玩，我洗菜做饭。没多少时间，她在房间里喊："妈妈快来看，快来呀！"我双手湿漉漉地快步过去，天哪！她在雪白的墙上，用黑色油画棒画了一条小船，船下边还画了绿色的波浪。我皱了一下眉，但没有责备她，还表扬她说："啊！你画得真好。"她很自豪地说："这是一条船。"

吃晚饭的时候，我对她说："你船画得很好，但如果你不想要了，画在墙上就抹不掉。墙，就像你的小脸蛋一样，是爱漂亮的。"她说："哦，那怎么办？我用橡皮擦吧！"说着她就拿了橡皮去擦墙。我知道这样墙会被她擦得不像样子，但如果不让她擦，她不会明白做事不妥当应该马上修正的道理。我虽心疼墙，但这个比墙更重要。

每周三晚上，我都陪芳芳去少年宫美术班学画画。一个学期下来，芳芳的油画的确进步不少。那段时间她从幼儿园一回家，就在雪白的纸上想象着，构筑着她的童心世界。画好一张，她就把它贴到墙上，然后一个劲儿地冲我喊："妈妈快来看……"

我夸她画得好，她拉着我的手非让我画一张。我说："妈妈不会画，要不你教我？"她就把着我的手在白纸上涂来涂去，还不断地换各种颜色的油画棒。一会儿，一张宛如荷塘月色的画儿就画好了。这是她教妈妈画的画儿，她昂着头非常有成就感。对于一个孩子来说，这种努力后的成就感实在太重要了。这样孩子对自己所学的东西，会形成更持久、更强烈的积极性和兴趣。

画累了，芳芳喜欢在铺着草席的地上搭积木、走弹子棋、开电动小汽车等，这时候我通常在忙家务。时间一久，我见她不声不响的就去看她。哈，这小家伙把玩具围成一个圈，自己躺在中间睡着了。我赶紧把她抱到床上，盖上被子，再亲亲她的小脸蛋。

芳芳有个不太好的习惯，就是不喜欢收拾玩具。我好多次告诉她玩具要哪里拿、哪里放，可她总是做不到。我想她也许是需要氛围，一个儿童的氛围吧！一想到氛围，我就觉得我们家还需添置不少东西，才会有一种良好的家庭学习环境。这需要钱，而我和丈夫的工资除了应付生活，就没有多少余钱来买如钢琴、组合音响这样昂贵的东西了。这让我产生了谋个兼职工作的想法，以增加家庭收入。

我是个想到什么便立即行动的人。绝不夜里想着千条路，白天还在走原路。于是，那些天晚上九点左右陪芳芳睡着后，我开始翻报查找招聘广告。几天下来，我发现最适合我兼职的工作是会计。会计可以每周上班一两次，也可以把账目拿回家做。啊，这对我太有诱惑力了。但我必须先自学会计业务，然后再去应聘。

有了这个奋斗目标，我便到书店买了几本有关会计学的书。午后，我就在办公室自学。把这几本书看完后，觉得做会计并不很难，何况自己原来算盘就打得很不错，应该能胜任这工作。那天我和丈夫说好，孩子由他去接，然后再送到少年宫学画画。因为我要去应聘，可能晚回家。丈夫满口答应，然而工作一忙他就忘记了。

天黑了下来，幼儿园的孩子全被接走了。当班的一位中年女教师，留在教室里和芳芳等啊等，可是迟迟等不来家长。那时候我们还没有家庭电话，更没有手机，老师正在着急时，芳芳突然说："叶老师，我认识路，你带我回去吧！晚上我还要去少年宫画画呢！"老师听芳芳这么一说，就搀着三岁多的她一路走来，走了两站多路，终于把她送了回来。这时已经晚上八点多了，听到敲门声，我还以为是丈夫带着孩子学完画画回来了呢！

老师和芳芳都还没吃晚饭。陪她们在小饭店里吃饭时，我知道了她们班那个年轻女教师辞职下海去深圳了，现在就这位老师一人带着这个班。她说："管好班上的每个孩子，是我的责任。"这让我肃然起敬。

十点的时候丈夫才回到家，单位的事总让他身不由己。我并没有指责丈夫忘了接孩子，但几年的夫妻相处，我越来越知道靠他做事，常常是靠不住的；也越来越明白，这个家必须主要由我来支撑和创造，才能让我们的小芳芳沿着一条比较美好的道路前进。明白了这一点，我的责任感和紧迫感一天重似一天。

　　也许我是个幸运者。半个月后，我终于找到了一份兼职的会计工作。第一个月我做的财务报表，得到了兼职公司领导的肯定。1988 年初，做会计还不需要会计证，只要把财务报表做得正确、出色就可以了。公司领导也没有要求我坐班。这样我每晚在家里替他们算账，一个月下来，工资竟然比我在单位拿的还多一些。这让我兴奋不已，信心百倍。

　　然而也由于我兼职，假小子无法继续到少年宫学画了。每天晚上我算盘珠子打得啪啪响时，她就在我身边用油画棒画画，有时还把我打算盘的形象画下来，逗得我哈哈大笑。我发现我的小小女儿，已经把学习当成一种乐趣了。

5. 飞向维也纳的梦

> 作为母亲，她生孩子、养孩子，她最希望看到的就是孩子学会自己飞翔。

那年夏天，由于我有了兼职的额外收入，一下子给家里铺上了墨绿色的羊毛地毯，换上了新的沙发，买来了组合音响和两只大书橱。这样我们坐在兼作书房的客厅里，就感觉到了一种充满书卷味和艺术味的氛围。这是必需的学习氛围。我始终认为，我的小小女儿必须在书卷味浓浓的环境里长大。孩子在这样的环境中熏习成长，自然能养成读书的习惯。

有一阵子芳芳除了画画，最大的兴趣就是看书。每个星期天我都带她去书店，而不再是玩具店了。她一遍遍地看《海的女儿》、《灰姑娘》、《野天鹅》、《小红帽》、《渔夫和金鱼》等童话书，宛如不厌其烦地要我给她讲同一个故事一样。之所以这样，是因为她要到幼儿园讲给小朋友们听。

我的小芳芳是活泼的，但又是十分安静的。她在小朋友中间，淳厚、温顺、谦让，从不欺负别人。家里有什么好吃的东西，她总要带一点去跟小朋友分享。而小朋友呢，知道她喜欢看书，也会把家里的书带来借给她看。对于三四岁的孩子，父母的引导非常重要。如果能及时给予孩子帮助，明确无误地告诉她，哪些行为是应受鼓励的，哪些行为是不可以的，那么孩子就会逐渐学会自我控制。其实每个孩子都会有自私和不讲理的时候，这要看父母如何去面对和引导孩子。

一天黄昏，芳芳拉着我的手，将她养了多日的一只小鸟放了。芳芳看着小鸟在几次奋力振翅的颤抖中远去，双眼闪出了莹亮的泪珠。我知道她一定十分迷恋她和小鸟之间那份短暂而美好的感情。晚上，在淡淡的乳白色的灯光下，她睁大美丽的眼睛，伏在我怀里问："妈妈，小鸟能飞到维也纳去吗？"

我惊讶于她说出"维也纳"这三个字。其实小小女儿，并不太清楚维也纳是个什么样的地方，但她幼小心灵里有一种向往，一种梦幻般遥远的向往。后来就是为了她的这一向往，一个偶然的机会，我带她去看匈牙利著名钢琴家普鲁妮·伊伦娜在杭州的演出。那晚，当音乐声雷霆般响起，当钢琴鸣奏起莫扎特的《天堂之声》，当女儿置身在如梦幻一般的世界中出奇安静的时候，我决定买一架钢琴。

然而进入秋天，我突然有机会，每周可以利用两天的上班时间去浙江大学进修德语，这让我把买钢琴的事搁下了。那段日子，我回家除了做家务、做会计账，还多了一门温习德语的功课。我的小芳芳看我忙这忙那，就自己画画、看电视、看书、玩游戏。我常常有一种因不能陪她玩，而亏欠她的感觉。所以一到星期天，我们一家三口便带上干粮，踩上自行车到花港公园野餐。

在大自然的怀抱中，芳芳穿着白色羊绒裙子就像放飞的和平鸽。她在绿草地上飞来飞去，欢乐的笑声响彻空中。眨眼，她已经和别的小朋友玩到一起了。一次回到我们身边时，她沮丧地说："那个小姐姐跑得比我快。"

　　"你看到小姐姐跑得比你快，并不说明你比她差。只要你有信心，有一天你会比她跑得快。"我说。

　　"什么叫信心？"芳芳天真地问。

　　"就是你知道她比你跑得快，但你觉得自己有一天会超过她。"

　　"哦。"芳芳点点头，又飞快地跑了去。

　　我知道四五岁的孩子也会有自卑心理。只是你需要告诉她，每个人身上都会存在不足和缺点，让她正视自己的不足和缺点，尽可能地请老师为她创造在小朋友面前表现自己的机会，并给予适当表扬。孩子得到鼓励，渐渐地在她的无意识中，也会感到有一个前进的目标。

　　我希望我的小小女儿，每天都是快快乐乐的，像小天使一样。但我又觉得在学习和生活上，不能让她产生太多的依赖，而必须让她从小学会坚韧和坚持。

　　那天回到家，我决定还是尽快把

钢琴买下。第二天一早，我把银行里的积蓄取了出来，到琴行挑选了一架紫褐色的大钢琴。

钢琴使家里有了一种不俗的气派，也颇吻合我心里的孩子学习所需要的那种氛围。当我把芳芳从幼儿园接回家时，她一眼就看到亮得能照出人影来的紫褐色大钢琴，欣喜得都呆了。我用一串美妙的旋律告诉她："坐上这张琴凳，小鸟就有可能飞到维也纳去了。"她急着把我推开，迫不及待地用小手咚咚咚地敲起琴键，就像鸟儿张开了小小的翅膀。作为母亲，她生孩子、养孩子，她最希望看到的就是孩子学会自己飞翔。只有自己飞翔，孩子长大后才能感到真正的快乐。

这晚女儿独自一人，在琴凳上坐了很久。她迷醉于自己弹出来的"叮咚"声，这声音回旋在房间里是那么悦耳动听。入睡时她悄悄地告诉我："妈妈，我喜欢钢琴，我要到维也纳去。"我说："好吧！只要你每天坚持弹琴，就一定能去。"

从此，女儿和我都被"捆绑"在这架紫褐色的钢琴上。每天晚上陪女儿练琴，成了我新的功课。我是那么乐意地给自己套上一副又一副枷锁。陪完女儿弹琴后，我开始做会计账和看书、写诗。等到睡觉时，常常已是凌晨了。

然而，漫长的学琴期，自哈农、拜厄、汤普森、599、849、299……这么弹下来，一切的要求都是那么严格，来不得半点马虎，有无数次芳芳都不想弹了。面对越来越难的爬满音符的五线谱，她哭了。我心里很难过，但我知道不能半途而废。我对她说："今天弹完了，明天就容易了。"

每星期我带她一次到钢琴老师家回琴，虽然路途遥远，但都风雨无阻。有一天从老师家回来，行至半路雷电交加，雨披根本不管用。芳芳把琴谱塞进内衣，贴在肚子上。回到家，我们头发、外衣全湿透了，琴谱却完好无损。我一激动说："囡囡，你真聪明。"她说："琴谱比衣服重要，衣服可以洗呀！"然而，有一次我用自行车载着她回琴回来，她对我说："妈妈，去维也纳太难，我不想去了。"

"慢慢地就不难了。"我说。

"哦，那就再去吧！"她说。

可是第二天晚上，我让她坐到琴凳上时，她忽然一反常态地大着嗓门道："我不弹！"随即冲出了家门。我知道她是怕老师批在本子上的那个"3分"。于是我两脚三步地追赶出去，把她抓了回来。我心酸了，流泪了。我说："你学琴逃跑，那么以后上学了，功课做不出难道也要逃跑吗？遇到困难要克服，而不是逃跑。"

见我流泪，女儿也流泪了。流完泪，我们又一起坐到钢琴前，坚持把当天的曲子练习完。我要求女儿每晚练琴两小时，不能偷懒，并强调说这是规矩。有一天她违反了规矩，还大声向我嚷嚷，结果被我打了几板子小屁股。自这一次后，她再也没有违反规矩。一年后，当拿到钢琴初级考级证书时，她激动地抱着我的头说："妈妈，谢谢您！"

女儿的钢琴老师问我："你打算将来让芳芳考音乐学院吗？"我说："没想过。"她又问："那你让她学钢琴的目的是什么？"我说："一是玩儿，二是提高音乐修养，三是锻炼她学习的毅力和坚韧。"钢琴老师笑着说："大部分家长希望孩子将来考音乐学院，但是能考上的总是少，我女儿也没考上钢琴系，只考上了作曲。"

父母都有望子成龙、望女成凤的心，只是孩子很少能像父母希望的那样成龙、成凤。这和父母自身的修养与素质有关，也与孩子的智商、勤奋和毅力有关，当然还与所谓"天时"、"地利"、"人和"等因素有关。我没想过要让芳芳长大做什么，一切任其自然吧！但做一个有修养、有气质、有品位、有毅力的人，却是必要的，而这是必须从小熏陶和学习的。

我的小芳芳每弹一个音乐家的作品，我就会给她讲这个音乐家的故事。譬如巴赫、莫扎特、肖邦、舒曼、贝多芬等，她都能复述得头头是道。渐渐地，她会带着感情去弹曲子了，有时或许是想到那些音乐家的悲惨境遇，弹着弹着竟动情地淌下眼泪来。

　　琴声伴着女儿一天天长大。她也早早地拿到了钢琴八级证书。琴声中有她的欢乐，有她的眼泪，更有她一颗努力竞争的心。这样的日子，一直持续到她高中毕业。

这是一个多么令人激荡的日子
　　因为你的到来
　　　我所有衣衫里的孤寂岁月
　　　　都像繁茂摇曳的铃铛
　　　　　　——顾艳《红玫瑰》

6. 上学了，学会负责

> 我不能要求芳芳样样以我的标准为准，她应
> 该有她的习惯，应该成为她自己。

1989 年 9 月 1 日，这是一个令我特别欣喜的日子。我的小芳芳跳过行知幼儿园的大班，直接上小学一年级，成了一年级小朋友中年龄最小的孩子。这所小学叫杭州邮电路小学，是一所普通小学（现已恢复原名：杭州惠兴小学；"惠兴"，即晚清为女学牺牲的惠兴女士）。

一大清早，芳芳神气地背着簇新的书包，在我面前踱来踱去。我知道今天她就像踏上新的征途一样，往后的读书状态，全靠这起步的根基，一点不能马虎。我告诉她："你每天上课认真听讲，按时完成作业，就是你对自己的责任。"她歪着脑袋问："这也叫责任吗？"我说："是啊！大人有大人的责任，小孩有小孩的责任。"

　　我用自行车载着芳芳来到学校。把芳芳送进教室时，班主任老师热情地与我打招呼，并安排芳芳坐到座位上。班主任老师四十多岁，挺操劳负责的样子，让我感到放心。我说："我女儿年龄虽然偏小，但很有能力，班上有什么事情您尽管让她去做。"班主任老师说："瞧，这孩子看上去很机灵的。"

　　回到办公室后，同事对我把芳芳送进普通小学大感不解："你怎么不找一下关系，我们单位谁的小孩不在天长小学读书？"的确，天长小学是一所重点小学，但我想孩子按户口就近读书没什么不好，毕竟读书要靠自己努力。

　　第一天中午，我就让芳芳在学校吃营养午餐，像在幼儿园那样，我一直到下班才去学校接她。到底是从小待在托儿所和幼儿园的，她对第一天的小学生活并不感到陌生。在接她回家的路上，她说："妈妈，我们今天学拼音，老师说要买拼音磁带。"我说："好吧！我们这就去新华书店。"

　　在新华书店，我们买了拼音磁带和《新华字典》，还买了注音版的童话书。芳芳非常高兴，回到家里便一遍遍跟着录音机念拼音，几遍下来就背得滚瓜烂熟了。一个星期后，班里选举班干部，芳芳被选为班长。当班长就意味着芳芳必须在全班起带头作用，这对她在各方面都将是一个督促。

　　我始终认为孩子在学习上需要什么时，父母应该马上予以满足，这对培养孩子学习的兴趣非常重要。孩子有了学习的兴趣，自觉性便会大大增强。国庆节前夕，学校准备开庆祝会，每个班都得准备表演节目。芳芳参加了舞蹈《我们都是向阳花》的排练。放学回家，她把刚学会的动作跳了一遍给我看，我没有吭声，她就一遍一遍地跳着，等我说跳得不错了，她才放心地停下来。我知道她很在乎我的意见。这时芳芳已经满头大汗，我赶紧给她洗了个热水澡。吃晚饭时，她胃口特别好，简直是狼吞虎咽。自从坚持练钢琴以后，我觉得她对学习有一股坚韧劲儿。这让我十分欣慰。

国庆节后，我送芳芳去上学，在校门口的宣传栏前，小家伙手一指很自豪地说："妈妈，那里有我们班演出的照片呢！"我看到了她和同学们穿着漂亮的裙子，像小天鹅一样翩翩起舞。我说："嗯，你跳得真好。"芳芳说："不是我好，是我们大家跳得好。"我一时语塞，没想到我的小芳芳还有集体荣誉感。她已经懂得，在集体中只有大家都好才是好的道理。

转眼到了冬至，我的小芳芳门门功课都得 5 分，一年级的语文、算术对她来说比较容易。老师布置的家庭功课，她基本都在学校里完成了。黄昏回到家里依然可以画画，和小朋友捉迷藏，显得非常轻松。当然每天晚上两小时的钢琴练习，依然是我陪着。我们坐在琴凳上，她十指飞舞，而我的眼睛就在她的指尖上巡逻。她想蒙混过关，也不容易。八点半，她准时睡觉，我则开始看书、写作，复习德语。

这年 12 月，对我来说是一个值得庆贺的月份。我的第一部诗集《火的雕像》在香港出版了。那时候香港图书的装帧比内地漂亮得多。诗集中的大部分诗作，都是芳芳婴幼儿时，我每晚哄她睡着后在尿布堆上完成的。这是我的第一部诗歌作品集，它就像我的另一个孩子一样，我的喜悦真是难以言表。然而和我一起分享喜悦的，只有我的小芳芳。我的其他家人，他们是医生、建筑师、机关干部，他们对我的写作不以为然。他们不喜欢，也没有兴趣和时间看我的诗集。

下班时，我准备把诗集送给诗友，就用自行车载着芳芳一起去。那是个纷纷扬扬飘着大雪的日子，我小心翼翼地行驶在积雪的路上，然而到了一条弄堂的拐弯处，我们还是被迎面骑来的一辆自行车撞翻了。我和芳芳都滚落到了雪地上，那个撞翻我们的人却一溜了之。我们先是一惊，接着哈哈大笑起来，然后拍拍屁股又开始前进，任一片片雪花落在身上。芳芳快乐极了，她似乎感到了自己的勇敢，满脸洋溢着自豪感。我们把诗集送到诗友家时，芳芳的鼻子都通红了，我打趣地叫她"通红的鼻子"，她则说我是"雪花的妈妈"。

由于我是当时杭州青年诗人中第一个出了诗集的，新闻媒体作了相关报道，《浙江日报》副刊还发表了我有关这本诗集的创作谈《生命的乐章》。接着也有朋友和我说去北京鲁迅文学院上研究生班的事，那确实是一个好机会，如果去了就能像"进入圈子"那样，可以认识诸多重要的作家和诗人。但我考虑到带孩子的责任，我不能离开年幼的芳芳而只顾自己上北京读书去。于是，我还是按原来的节奏生活、工作和写作着。朋友为我感到遗憾，但在我心中孩子才是最重要的。

春节时，我和丈夫带着芳芳去旅游。我们准备先坐船到苏州，再从苏州到南京，然后由南京到无锡后坐火车返杭。那天傍晚，我给芳芳穿上一套漂亮的毛衣裙，外加一件狐绒大衣，就像西方小姑娘打扮的那样。我喜欢把芳芳打扮得漂漂亮亮，让她有足够的自信。而我自己出门也在乎打扮得体。我穿了一身黑裙，外披一件蟹青色长大衣。去苏州的轮船，航行在夜晚的运河上，远处点点渔火闪闪烁烁。芳芳第一次坐轮船，一路雀跃着。我告诉她这是隋炀帝开掘的京杭大运河，那时候从杭州可以一直坐船到北京，她就嚷着要坐船去北京。我把她抱在怀里，她嚷着嚷着就睡着了。

　　第二天蒙蒙亮时，苏州到了。我们马不停蹄地开始苏州的旅游，从虎丘到拙政园，从留园到环秀山庄。一整天下来，回到宾馆已经累极了。稍稍休息后，便找了一家小饭店吃饭。印象中苏州菜甜甜的，色、香、味、意、形俱全，尤其鱼类做得特别好吃。饱饱地美食了一顿后，丈夫带着芳芳玩电子游戏去，我拿着钥匙先回宾馆。然而我在夜晚的马路上转过几个弯后，便找不到我们居住的宾馆了。那时候没有手机，钥匙牌上也没有宾馆的名称，我昏头昏脑地连宾馆所在的那条马路的名称也没记住。没法向人打听，我就站在人民广场的旗杆下，好久才等到了丈夫和芳芳。芳芳见我把自己弄丢了，紧张得像个小大人那样告诉我说："妈妈你记住，我们住在人民南路上。"我说："哦，记住了。"

　　转眼，一年级结束了。芳芳各门功课全优，被评为区级"三好学生"。暑假期间，我正好因病在家休养，每天早上就带她一起去武林广场学剑和拳。我给她缝制了两套舞剑服，一套红、一套白，还给她买了一把儿童剑。她先学初级剑和初级拳，一招一式学得非常认真。几天下来，她已经把套路全记住了。有一天我看她熟睡着没叫醒她，就自己舞剑去了。练完两套剑后，天下起毛毛雨来了。我正想回家时，看见我的小芳芳一手撑着小雨伞，一手拿着大阳伞过来了，原来她给我送伞来了，这让我既感动又担心。毕竟她才 7 岁，要独自穿过市中心宽宽的川流不息的大马路，真是太危险了。我说："啊，你真好，妈妈谢谢你！可是你太小了，这么宽的马路可不能随便穿过。"芳芳说："我看绿灯亮，就穿过去了。"其实那时人行道没有红绿灯，她说的绿灯是汽车道上的。不过她已经穿过来了，我就鼓励她，夸她勇敢有孝心，同时又告诉她过马路时要格外小心。

除了弹琴、舞剑、画画，我还带着我的芳芳写诗。所谓琴剑诗画，我希望她样样拿得起来。而她也很耐得住，可以一天在书房里不出来。只是她总是把东西摊得到处都是，使家里看上去有点乱。但我想这不是原则问题，而只是一个人的习惯问题，我就由着她摊去。我不能要求芳芳样样以我的标准为准，她应该有她的习惯，应该成为她自己。

我家住二楼，有双阳台。黄昏时她在阳台上"嘿嘿"地练剑，惹得楼下的邻居高兴地喊："芳芳下楼来，舞给我们看。"起先她有些难为情，当邻居再喊她时，她就很大方地"咚咚"跑下楼去，表演了一套初级剑。然后在邻居的掌声中，她脸红红地一溜烟逃了回来。

7. 接受美的教育

> 在我教育孩子的理念中，审美、教养、品德和礼仪是必不可少的……一个人美的气质，并非天生就有，而是由岁月养育和陶冶出来的。

二年级开学时，我见女儿读书、弹琴都比较轻松，就带她去参加了歌舞团的形体训练舞蹈班。我让她学画、学琴、学剑、学舞蹈，其实只一个目的，就是让她接受美的教育，丰富和提高她的艺术修养。每周一个晚上带她去做形体训练，就像玩儿似的非常快乐。在练功房里，家长可以坐在一边看，也可以跟着一起训练。跟着一起训练的家长不多，我就是其中之一。到了练功房，我和女儿一样换上黑色紧身踏脚裤，在音乐声中跟着老师学动作。我帮着芳芳搬腿、压腿、弯腰，给她压重了，她哇哇大叫。我说："你怕痛怎么行？"她说："去去去。"把我赶了开去。

　　虽然开始时会腿骨酸痛，但小孩子身体软，两个月下来芳芳就能把脚搬到头顶上了。每次练完功，我们都要出一身汗。换上干净的衣服后，我们在回家的路上如沐春风，快乐又轻松。芳芳坐在我的自行车后座上还唱起歌来，歌声伴着我们一路回家。虽然来回需要花两个多小时，少了看书和弹琴的时间，但这样既训练了形体又玩得开心，并且让大脑得到了充分的休息，其实对学习和身心健康更有好处。

　　在我教育孩子的理念中，审美、教养、品德和礼仪是必不可少的。从前上海滩有"只认衣衫不认人"的说法，仿佛衣衫决定着一个人的身份和地位。那些大户人家，非常明白教养与礼仪是实质性的东西。因为一个人美的气质，并非天生就有，而是由岁月养育和陶冶出来的。那些智慧女性，她们在接受新思想、新文化的同时，深知保留古典女性美的必要性和重要性。你看，她们婀娜多姿的倩影，举手投足都反映了某种文化和修养。这种修养是人自身内在的东西，它们从人的气质上反映出来。

　　芳芳虽然还小，但美的教育就是要从小就做。我告诉她吃饭时别吧嗒吧嗒发出声音；告诉她女孩子不能不洗脸不梳头，穿着拖鞋和睡衣睡裤往大街上跑；穿衣服要注意色彩搭配；头发要梳得干净、清爽；平时说话不能叽叽喳喳像麻雀似的；不能几个女孩子勾肩搭背地在马路上行走；不能没有礼貌，不懂规矩……我时常和她唠叨这些，久而久之她就有了自己的美的标准。

这年，芳芳已经是少先队中队长了。她主持中队活动时，要求同学们必须把红领巾系整齐；不能一只裤腿长，一只裤腿短；女同学要把辫子梳干净，不能披头散发。芳芳在同学们中很有威信，队员们都按照她的要求做了。全校少先队员列队时，他们中队就显得格外整齐有精神。

二年级下学期末，芳芳被评为学校的"三好学生"，班主任在成绩单评语栏上这样写道："本学年德、智、体三方面都进步较快。中队长工作独当一面，处处以身作则，敢于坚持正确意见。热爱学习，善于独立思考，热心帮助同学。上课思维活跃，大胆发言，能有感情地朗诵课文，口头表达能力较强。写作上肯下工夫，爱看课外书，因而周记、作文写得生动形象。平时关心集体，热爱劳动，尊敬师长。希望今后更上一层楼，保护好视力，向更高的目标前进。"班主任的评语，让我知道了芳芳在学校的表现和大概情况。

这一年也就是 1991 年，是我由诗歌、散文写作转入中短篇小说写作的年份。我开始在《钟山》、《东海》上发表小说，其中一短篇小说被当年的《小说月报》转载。我和女儿一起学习、一起探索、一起成长，有了越来越多的沟通和相互陪伴。

从三年级开始，邮电路小学每周有两节兴趣小组课。女生的学习内容是打腰鼓。腰鼓队有 4 套动作，视每个队员学习的进度而定。也就是说，早学完 4 套动作的同学就早参加演出、早带徒弟。芳芳一个学期就学完了这 4 套动作，她是他们班女生中第一个学完 4 套动作的，也是班里第一个参加腰鼓队演出的女生。于是芳芳每天下午放学后，就多了练习打腰鼓的内容。我接她回家时，车兜里除了在农贸市场上买的菜，还有一只腰鼓和两根缀着大红绸带的鼓棒。我小时候非常梦想打腰鼓，可是没有机会，没想到我的小芳芳打起了腰鼓。正式演出前的那些天，她常常把漂亮的粉红大襟绸缎演出服穿回家来。偶尔响起的"咚吧咚吧咚咚吧"的鼓声，让我有一种异样的感动。

第一次外出演出，穿上演出服，芳芳的自我感觉特别好。这次演出，芳芳领回来了 5 元钱和 10 瓶活性乳。那是她们腰鼓队为企业演出，每人得到的报酬。这是芳芳第一次赚了钱，她高兴极了。当天晚上，她就用那 5 元钱买了一本漂亮的笔记簿。

除了打腰鼓，芳芳还学习打队鼓。队鼓一般都由男孩子来打，女孩子打队鼓就格外神气，令人向往。打腰鼓、队鼓，让芳芳既开心又满足了表演欲。然而玩儿多了，直接影响了学习，语文期中考试芳芳只得了 62 分。这是她最低的一个分数。一向都在 90 分以上的她，面对这个分数在教室里就哭了。她哭的原因不仅仅是考砸了，而且是想到自己身为班长和中队长，一下丢了脸面。那天她回到家，眼睛红红的，我问："怎么啦？"她心一酸，呜呜地哭起来。我被她哭得心里难受，我说："什么事情值得这样伤心呢！"后来当我问明白了情况，就笑她说："这有什么关系？这次 62，下次就 100 分了。当班长的，考试也有失误的时候。每个人在前进的路上都会遇到挫折，只是看你如何面对。"

女儿听了我的话，停止了哭泣。她看我这样安慰她，仿佛找到了一种依靠，感到有了力量，情绪一下就好了。晚饭后，她马上到书桌旁做家庭作业。这时我微笑着在她身边坐下来，与她一起分析考卷上的习题，并让她明白，出现失误后要学会承受。

这个晚上，女儿要我与她一起睡。她要听我给她讲些什么。她知道妈妈是最疼她的人。我已记不得那晚与她说些什么了，但我知道她明白了她该怎么做。许多时候，我总认为对于孩子首先要给她温暖，然后要让她明白。孩子明白了，也就是与父母的距离近了一些。当然，这并不意味着要孩子压抑玩的天性，而是父母应该要有培养孩子的明确目标与原则。

　　三年级下学期，我们不再接送芳芳，给她买了一张月票，由她自己乘两站路的公共汽车。小家伙每天在家里吃完早饭，就与上班的大人们一样去挤公交车。不用接送她，我和丈夫都感到轻松了不少。下午放学后，她多半是和同学一路玩着走回家的。他们喜欢走弄堂，长长的弄堂总有值得观看的东西，譬如玩具摊、漫画书摊、糖炒栗子摊等，他们走走看看，买点东西吃吃，回到家路灯都亮了，但他们很快乐。我并不认为他们浪费时间，相反这是接触社会的一种途径。况且，同学们一起玩儿，可以填补独生子女生活中的很多空白。

　　那天芳芳回家，一头钻进书房，不声不响地在纸上写着什么。一会儿，她大声喊："妈妈快来，快来呀！"她叫得那么急，我还以为出什么事了呢，赶紧双手湿漉漉地跑过去，原来她写了一首诗：

青苹果树

　　我像一只小鸟
　　迫不及待地飞落在
　　你那如海的枝叶
　　搭窝住下

我像一滴性急的甘露
滴在你那
柔嫩的绿叶上
贪婪地吮吸着
春天的美景

我轻轻念完后，感觉写得非常美。"小鸟"、"海"、"枝叶"、"窝"、"甘露"、"绿叶"、"春天"等意象，形象化地道出了她的渴望。我一把将她抱了起来，说："囡囡，你写得真好。你是怎么想着作诗了呢？"她说："我们回家的路上有许多树，我走在路上就是小鸟啊！"原来小鸟在大自然的怀抱中，寻找美的东西时触发了灵感，诗就自然而然地出来了。这首诗后来发表在 1993 年 10 月的《家庭教育》上。第一次拿到稿费，她欣喜地为自己买了一双旅游鞋。这一学年，芳芳又被评为区级"三好学生"。

8. 在竞争中不断进取

　　　　纯粹家长式的教育，只会使自己和孩子之间
多一条代沟和多一层隔膜。

　　那时候小学不设英语课程。进入四年级，不少家长纷纷为孩子报名参加校外的英语辅导班。有人建议我让芳芳和他们的孩子一起参加英语班，但我婉言谢绝了。我认为主课还是跟着学校从零开始学比较好，这样孩子会有新鲜感，也能尊重任课老师的劳动。

　　随着孩子的学习、成长，我接触过各种各样心态的家长。望子成龙、望女成凤是最普遍的心理。这样的想法和愿望没有什么不好，但实际情况常常是：由于父母自身缺乏与孩子的平等沟通，缺乏一种作为父亲、母亲的情怀，而导致子女的逆反。纯粹家长式的教育，只会使自己和孩子之间多一条代沟和多一层隔膜。

　　这一年，芳芳所在的班换了班主任老师。这是一位二十出头的年轻女教师，身为班长的芳芳事无巨细地做起了她的得力助手。由于小干部工作出色，不久芳芳被选为学校少先大队大队长，右手臂挂上了三条杠的臂章。这让我感到骄傲，毕竟一所学校就一个少先队大队长。竞争这个职位除了本年级的中队干部，还有五、六年级的大哥哥和大姐姐，非常不容易。我的小芳芳有竞争意识，这种竞争意识是在不断进取中养成的。这可以追溯到她七八个月大时在托儿所时与小朋友一起搭积木，她就有一种不搭成功绝不罢休的秉性。

　　为了孩子，我尽量避免去出差。在单位，我只能管好自己的三分地。我明白凡事总是有舍才有得。我把培养教育孩子的事放在第一位，那么我就必须全力以赴地投入时间和精力；有许多次外出参加笔会的机会，我都婉拒了。

　　有一次丈夫又出差去了。我和芳芳忽然同时感冒，高烧至39.5度。这次高烧在我印象中是最凄惨的一次。我勉强起床后，与芳芳一起准备去医院，可才走到弄堂口我就一屁股坐在地上晕了过去。是芳芳挥手叫来一辆"的士"，我们两个高烧病人在司机的帮助下才上了汽车。到医院，我们支撑着挂上急诊后，医生让我们化验和拍 X 光片，最后让我们躺在急诊室里一起打点滴。9 岁的芳芳躺在我旁边的床上，她已烧到 40 度了，却像一个大人那样问："妈妈你的头还痛不痛？"我心里一阵感动，连连说："不痛，不痛了，等我们打完点滴，去奎元馆吃面条。"

"哦，好吧！"她说。

芳芳的脸通红通红的，但她一声不吭。我心里忐忑不安，却也只能尽量沉着。打完点滴，我们两人的烧都退了一些，我这才放下心来。

我们在家病休了三天，这三天我们就像养在深闺中那样大门不出，吃的全是冰箱里的冷冻食品。我们吃药、睡觉、看书，到第三天热都退了，我们还弹琴、跳舞，在家里唱起了卡拉 OK，玩儿得非常快乐。等她爸爸出差回家时，我们的病都全好了。星期一芳芳回学校上课，同学们亲切地问长问短。放学回家后她跟我说："妈妈，同学们对我好极了。今天放学陈梦媛一直把我送到家门口呢！"我说："那你要谢谢她，送她一个小礼物吧！"第二天，她把自己心爱的玩具小狗熊送给了陈梦媛。

几天后，芳芳被学校选拔到区里参加小学生作文竞赛。出什么作文题目，写什么内容，一切就像高考那样，要到考场上才知道。芳芳虽然平时作文不错，但我从没想过让她长大后学文科当作家。不过这个竞赛，倒让我觉得既然学校给她机会，就应该认真把握好。于是我告诉她，要写你最熟悉的最让你感动的事，可她根本听不进去，她捂着耳朵说："我知道了，你烦嘞。"我马上闭住了嘴。其实，获不获奖并不重要，重要的是我想告诉芳芳，在人生的道路上既然机会来了，就要努力把握好它。因为，机会是属于有准备而且善于把握的人的。

　　许多日子后，我把芳芳作文竞赛的事都淡忘了，她却捧回来了一等奖奖状、奖杯和那篇已经发表了的竞赛作文《爷爷的鸽子》。我充满喜悦地读着她的获奖作品，惊讶于她竟能想象爷爷在抗日战争时期，在部队里遇上了一只和平鸽，和平鸽使爷爷痛恨战争，渴望世界和平。通过这只和平鸽，芳芳写出了一种历史纵深感。同时芳芳又讲了她由讨厌它们的粪便，到和它们成为亲密朋友的过程。祖孙两代和鸽子的感情跃然纸上，确实是一篇不错的散文。我的小芳芳的确是有写作天赋的。不过这次她获奖，我并没有太多地夸奖她，我知道过分的夸奖，会让她自己都不认识自己了。还好她本身也很低调，就像又回到了起点上。这正是我想看到的——每次我都希望她把已拥有的成就丢开，从头开始。

　　进入 12 月，我的第二部诗集《西子荷》和第一部散文集《轻罗小扇》都在香港出版了。两本书一起在香港出版，让我突然感到了一种收获。芳芳为我的收获而高兴。她看看这本又翻翻那本，当然她只是看插图，并不看文字。她知道她妈妈不愿意张扬，她也从来没在同学面前说她妈妈是个作家。老师有时问："你妈妈干什么工作的?"她就说："机关干部。"她回来告诉我，我哈哈笑着说："下次你们老师再问，你告诉她，妈妈是你的家庭教师和保姆。"她顿时和我笑作一团。

　　那天芳芳又感冒发烧了，我带她到附近的卫生院打点滴，然后匆匆赶到单位处理一些工作。当我急匆匆赶回时，发现芳芳打针那只手的手背隆起了一个大包，小家伙有些痛却一直忍着，没敢叫护士。毕竟芳芳还不到 9 岁，她不知道这隆起的包会对生命有危险。我立即找来了护士，护士连连道歉，并拿来了热毛巾给芳芳敷手。我想幸亏及时赶回来，再晚一些不知道会发生什么事呢! 我告诉芳芳，以后无论哪里不舒服都不能忍，一定要及时说出来，要学会保护自己。这个隆起的包给我敲起了警钟，也给了芳芳一个生命安全的教育。

六年级时，芳芳自己踩着小自行车上学去了。她已三次被评为区级"三好学生"，年年被评为学校"三好学生"，并且被评为学校"礼仪示范员"。班主任老师说："芳芳在学校各方面的表现都非常出色，成绩一直在年级中名列前茅，而且她待人热情，工作踏实，琴剑诗画样样拿得起，深受老师和同学们的喜爱。"老师的表扬并没有让我得意，倒让我觉得要继续做好孩子的引路人并不容易。孩子在成长中，她的言行在变化中。不稳定的情绪和各种新鲜事物的诱惑，都有可能让她从一个极端走向另一个极端。

她班上有一女同学特别爱漂亮，喜欢逛商店，几次放学约芳芳逛百货大厦，芳芳就被同化了。有一次回来芳芳对我说："我和同学一起逛街了，我要买新衣服，那些旧衣服我不要穿了。"第二天一早，她坚决不穿那条旧裙子。我说："爱漂亮是对的，但要有一个分寸。我就怕你观念变了，妈妈的话听不进了，慢慢地走下坡路自己也不知道。"说完，我不再理她，由她大叫大嚷。

接着，那个女同学又一连几次找芳芳出去疯玩，芳芳的心一下就沉沦了。她不想弹琴、画画、做功课了，玩儿到底比读书轻松。这让我恼火极了。我狠命儿地批评芳芳，并且告诉她交朋友要有选择。芳芳最终还是听了我的话，不再出去疯玩了。

经过这次折腾，芳芳对自己有了新的认识，她明白了人是需要自律的道理。后来，她通过自己的努力，被选为学校唯一的一位全市小学生代表大会的代表。

临近小学毕业，开家长会时，不少家长都不愿意自己的孩子升入邮电路小学隔壁的杭州第十一中学。因为只要交上 10000 元，孩子就能进市重点中学的民办班。花钱进重点学校，在我看来并不是最理想的选择，这样做容易使孩子产生依赖感，丧失竞争意识。于是我和芳芳商量："读书是你自己的责任，将来考不考得进重点高中关键在你自己。"芳芳点点头说："好吧，我就上十一中。"

9. 升入普通中学

　　我对芳芳说："我找不到老师，你就先把书包搬进实验班吧！"说着，我就帮她在实验班的教室里找了一个空位子，让她坐下。

　　就这样，芳芳升入普通中学。但普通中学也有普通班与实验班之分。杭州第十一中一个年级八个班，其中只有两个班是实验班，实验班各科所配备的老师自然比较好一些。我当然渴望我的孩子能进实验班，何况她本来就是全优生。然而以为理所当然的事，到头来差一点落空。

　　第一天开学，芳芳发现自己进的是普通班。中午她打电话给我说："妈妈，我怎么进的是普通班，我们小学班里几个成绩很差的同学都进了实验班呢！"我说："啊，怎么会这样呢？"她说："现在就是这样了。"我说："我这就来学校找老师谈谈！"

我急匆匆地赶到学校，然而我没找到我要找的老师和教务长。我对芳芳说："我找不到老师，你就先把书包搬进实验班吧！"说着，我就帮她在实验班的教室里找了一个空位子，让她坐下。离开时，我对芳芳说："你下午就坐在实验班上课吧！别回去。"芳芳点点头，说："如果老师叫我回去怎么办？"我说："你也别回去。挺住！"我知道我让孩子这样做有些霸道，肯定是不对的，但不这样做也别无办法。

放学回到家，芳芳对我说："老师让我回原班级去，我没有回去。"小家伙显然为自己敢这样做而有些自豪。我说："对，我们不回原班级，我们一定能进实验班。"第二天一大早，我拿了芳芳读小学时的各种奖状和成绩单找到了教务长，并且告诉教务长孩子已坐在了实验班。教务长四十多岁，是位彬彬有礼的英文教师。他听了我对孩子的介绍，表示很乐意帮助我。他说："因为新生刚入学，班与班的人事调动还可以变更。实验班需要优秀的学生，你孩子那么优秀，应该没有问题。"他给了我这样的承诺，让我无比感激。

芳芳就这样顺利地调入了实验班。当然若不是芳芳当天中午就打电话给我，若不是我马上赶去，那么隔上几天就没希望了。一周后，班级选举班干部，芳芳又当选为班长。她在新的环境里，又赢得了老师和同学们的信任。班主任老师是一位教学经验丰富的特级教师，他带学生很有一套，绝不让学生做书呆子，而是注重培养学生的综合能力。组织学生演讲、辩论，让学生骑上自行车秋游或到电视台做节目等，芳芳和她的同学课外生活真是丰富极了。

说起那次秋游，家长们都很是担心和着急，我也有些忐忑不安，毕竟我的孩子才11周岁。这么小的孩子，踩着自行车，在大车小车川流不息的大马路上，骑近一小时才能到达目的地白龙潭——我的心，一整天都悬在半空了。尤其到了黄昏，小家伙还没回家，我站在弄堂口，真是望眼欲穿啊！

那次孩子们平安回家后，家长们忽然觉得原来自己的孩子真能干啊！自己从前怎么就小看了孩子呢？其实，孩子的潜能是无穷的。只要父母正确引导，大胆放心地让孩子去尝试，他们就会成长为能干的人。芳芳初一遇上了这样一位重视学生个性发展和综合能力培养的好老师，这让我十分欣喜。这一年家里的事端接二连三地发生，我和丈夫协议离婚就是一件比较大的事情。幸亏芳芳在实验班里过着丰富快乐的初一生活。有一次老师让她把自己弹的钢琴曲子录制成磁带，再带到班上播放给同学们听。芳芳弹的是贝多芬的《命运》，老师要求全班同学听完后写一篇有关贝多芬《命运》的作文。

　　我的小芳芳非常理解我和她爸爸的离婚。既然夫妻两人生活在一起不能和谐相处，分开了应该都是一种解脱，对孩子的教育也许会更好，至少可以避免意见不合时的争吵。这一年，我和芳芳开始了单亲家庭生活。我里里外外一把手，反倒比三个人时多出了不少时间可以用于写作。然而就在这个时候，我突然开始头痛了，有时是轻微的痛，有时是剧烈的痛。因为刚开始写第一部长篇小说《杭州女人》，我不想去医院浪费时间，就一把把地吃止痛药。

　　这期间芳芳在学校参加了各项活动，最让她开心的就是班主任老师联系了省电视台相关栏目组，让他们的辩论赛上了电视。节目播放时，我早早地坐在电视机前，一眼就看见了我的小芳芳。他们穿着绿色的校服，辩方穿着红色的校服，个个伶牙俐齿，能说会道。我第一次发现芳芳的辩论能力居然是那么出色。若和我辩论，我这笨嘴拙舌的妈妈，肯定不是她的对手了。

　　小说写了开头几章，我就再也忍不住头痛的折磨，只好到医院看病去。真是不看不知道，一看吓一跳。医生一见我持的是机关公费医疗卡，就说："头痛，那就做个 CT 吧！"其实我们单位的医疗费已改为个人承包了，超过标准的部分自己必须出一半。不过在医生的劝告下，我还是答应做 CT。第二天一早我来到 CT 室，医生惊讶地问："你怎么一个人来？"我说："一个人不可以吗？"她说："有人陪，好一些。"我当然知道她话里的意思，我说："没问题，你放心做好了，我会配合你。"

我躺到那架机器上，医生给我打过针后，就开始操作机器了。我闭上眼睛，机器就在我头上发出粗重的呼吸声，又仿佛是浪击礁石打出的亢奋之声。10 分钟、20 分钟过去了，机器终于停了下来。我弯身起来时，医生问："你做什么工作？"我说："脑力劳动者。"她说："你脑垂体里有一点黑影，像是脑微脉瘤。"她这话就像晴天一声霹雳，让我浑身发软。回到家里后，我依然和平时一样，我不想把这不幸的消息告诉芳芳，让她心里有阴影。在我心里孩子应该是既有依靠但又是独立的。所谓依靠，就是妈妈是她的坚强后盾，她可以对妈妈撒娇、发脾气，同时她可以从妈妈那里获得勇气和力量。

一周后，我终于等到取 CT 报告单的日子。接到 CT 片和 CT 报告单的那一刻，我看见这样几个字："垂体微脉瘤。"我难道真的长了脑瘤？我三脚两步地找到门诊医生，医生说："要相信科学，CT 单不是写得很明白吗？"我说："那要开刀吗？"她说："不一定，可先吃进口药，就是比较贵，一瓶二百多人民币。"我说："好吧，进口药我们不能报销，就自费吧！"于是，医生一下给我开了两瓶。因为身上带的钱不够，于是骑上自行车横冲直撞地赶回家取钱。然而配了药，我的情绪十分消沉。我想我要吃多少瓶瑞士进口药呢？这样贵的药长期吃下去，我怎么负担得起？这的确让我有些后怕。晚上和芳芳一起弹完钢琴，我依然坐到书桌前写作。我想我要在写作中把疾病忘记，把该死的微脉瘤忘记。

那天芳芳放学回家，告诉我说："我们老师把我的作文推荐到《浙江初中生》杂志发表了。"我说："你写什么作文了？"她说："《妈妈的背影》。"我说："写我？拿来看看。"她不让看，我就一把将她手中的《浙江初中生》抢了过来。看着看着，我就热泪盈眶了。

妈妈的背影

解芳

又是一个觅不着星星的夜。

也许夜太深了，周围的一切都是那么静谧。昆虫停止了吟唱，风儿也不再伴奏，大地在迷蒙的黑暗中酣然睡去。

台灯还亮着，像一颗金色的星星。闪烁着一圈淡黄色的柔柔的光芒，陪伴那还在"孤岛"中奋斗不息的妈妈。椅子，以及那玻璃台板或许都感到疲倦了。然而妈妈还坐着，面对窗外那漆黑的夜色，全身心地融入了自己作品中的世界，仔细推敲着每一句话，甚至每一个词。

我望着妈妈瘦削的背影，妈妈那一头乌黑的卷发似乎不再那么油亮，乌丝中还可以看见几根白发。我的心酸酸的，我真想立刻就说声："妈妈，您别再写了！"可我又怎么忍心将妈妈从属于她的那个空间、那种氛围中拉出来呢？

我悄悄地回到床上，仰面躺着。望着乳白色的天花板，眼前似乎出现了那一幕幕令人难忘的情景。我看到了妈妈，也看到了我自己。我再一次感到妈妈是多么伟大。她以惊人的力量在极度的困苦与悲伤中支撑自己，坚持创作，并且又以她博大的爱来教育我、开启我。我想到了小时候写作文的情景。妈妈坐在我身边，告诉我："词语要用得适当，句子要写得生动，要充分发挥自己的想象力。"当我把像模像样的习作交给她时，她总会露出甜甜的笑容，并鼓励我继续努力，勇攀高峰。

我又想到了妈妈含辛茹苦，陪伴我弹钢琴的情景。不论刮风下雨，不论寒冬酷暑，在那条熟悉的大街上，总是妈妈带着坐在自行车后座上的我。为了节约时间，她总要在离上课仅剩十多分钟时，拼命地骑啊、骑啊……可年幼时的我，却不懂这番情意，有时任性不肯弹，惹得妈妈既伤心又生气。特别是那一次，不足 6 岁的我，竟然离家出走了，让妈妈急得火烧火燎，在大街上四处找。待像抓小猫似的把我"抓"回家，妈妈没有批评我，但她的眼眶涌满了泪珠……真的，那一次妈妈哭了，我也哭了。我们的泪水融合在一起了。我知道自己错了。

当然，妈妈除了注重对我的教育，最放不下的就是写作。她简直把写作视为生命中的一部分。只要一到书桌旁，妈妈就像换了一个人似的，什么事也不睬，就像一扇沉重的铁门关上了，怎么叩也叩不开。如今已 12 岁的我，知道妈妈不断升华的灵魂是极为孤独的。

夜又黑了一层，我有点迷迷糊糊了，眼皮也不停地打架。我入睡了，可妈妈书桌上的灯一定还亮着。妈妈的背影一定还是那样挺拔，那样富有活力。

10. 暑假生活

　　　　我们处在一个重要的转折期，无论芳芳和
我。这些都让我心里有些隐隐不安。

　　升入初中后，孩子做完家庭作业仍然需要家长签名，
老师让家长检查孩子背诵课文的情况，是家常便饭的事。
我终于熬到了又一个暑假，我辞掉了我的会计兼职工作。
我的脑垂体微脉瘤，也终因我自己的怀疑四处复查而最
终被确定为误诊。那一刻，我扔掉了那些进口药，像获
得新生一样，笼罩在眼前的阴影都消失了，心中满是
感激。

　　这个夏天我们单位有旅游活动，可以带家属一起参
加。我就带着女儿和同事们一起去了青岛。青岛是海滨
城市，可我和芳芳都是旱鸭子。小时候，她爸爸常带她
去游泳，可是她连个闷头游也没学会。

　　芳芳是个文静羞涩的女孩儿，和我的同事们一起参加活动，时常满脸泛红，一副腼腆的样子，同事们觉得她可爱极了。她和我住一个房间，去餐厅吃饭总是她引路，左拐右弯，一点儿也不会搞错。出去参观，她就像小记者那样，拿着笔记本走到哪里记到哪里。待回到杭州，她已经记满一本笔记簿了。她从中选了几个小故事，把它们扩充成三篇暑假作文。有一天她问我："你说青岛除了海，哪里最好？"我说："八大关路的欧式别墅群。"她说："为什么呢？"我说："那些是欧洲殖民者留下的遗产，荟萃了欧洲古代和近代建筑文化的精华，它们就像凝固的音乐。"她说："哦，我也想去欧洲玩。"我说："那你好好读书争取吧！"她说："争取，怎么争取？"我说："你书读好了，就能靠自己的实力出国去。"她说："咦，真的吗？"我说："当然真的。"

　　从青岛回来，我连着自己这一年的公休假，在家陪芳芳度过了一个快乐的暑假。芳芳有段时间没去舞剑了，我想这个功课应该恢复，可她人也长高了，从前我给她缝制的练功服穿不下了，她只好穿着学校发的运动装和我一起赶早去舞剑。教练看到她又来了，十分高兴。应该说，芳芳的接受能力很强，一套少林剑很快就学会了。有时她想偷一下懒，但一看到教练教别人新的套路，她就跟着学。回到家里，她把新套路教给我，我也省下了学新套路的钱。我打趣地叫她"解教练"，她调皮地说：

"徒儿，拿酒来！哈哈哈……"

洗过澡，吃完早饭，上午的读书时间就开始了。我匆匆忙忙做完家务，就坐到她背面的书桌前，继续我的读书或写作。

有一天晚上我去看一个从台湾来的作家朋友，回家时忽然刮起了台风，但一想到我的小芳芳孤身一人在家，我丝毫不敢耽搁。一路上狂风暴雨，没有一辆出租车，连公交车也不停站了。于是，我抱着头拼命往前跑，拐进弄堂时，已浑身湿透，突然一扇玻璃窗嚓啷啷地从高楼落下来，差一点就砸到我身上，吓得我魂飞魄散。直到跨进公寓大门，我才喘了口气。

进得家门，只见我的小芳芳正在水池里擦洗钢精锅，内心不由升腾起一阵感动。我的小芳芳多么勤劳啊，平时我怎么就没有注意到呢？芳芳见我浑身湿透的狼狈样子，哈哈大笑起来，一边抱住了湿漉漉的我，说："妈妈，我想你！"

我的小芳芳喜爱看课外书，无论是文学名著还是历史、天文、地理的书籍她都喜欢看。这一阵，她迷上了漫画书。弄堂口的小书摊上5元钱1本，她两本两本地买回家，零花钱全买了漫画书。日积月累，家里就有了几个纸箱的漫画书。漫画书以漫画为主，读者如果没有一定的想象力和理解力，就只会一知半解。芳芳有时候看得着了迷，完全忘了复习功课，我就生气地说："这样的书少看，对你没什么意思。"她反唇相讥道："什么没意思，很有故事内容啊。"我说："你还是看看英语、做做数学题吧！"她说："我知道的。"

虽然芳芳学习成绩优秀，但不复习巩固功课，所学的知识就难以保证会很扎实。更何况，我没有给她请数学、英语的家教，一切全靠她自己努力。我心里想倘若芳芳做英语、数学习题，能像看漫画书这样入迷多好。我突然想起我读初中时的数学老师，他教我们学数学就像玩游戏一样，特别有趣味。那时我们的课桌上，大多刻着"学好数理化，走遍天下都不怕"这句话。我把它作为名言赠给我的小芳芳，她似懂非懂地问："数理化有那么重要吗？"我说："嗯，重要。"

在我看来，首先要培养孩子做一个有修养的人，其次是要培养孩子独立、坚持、竞争的意识和奋斗精神。孩子能独立完成的事，我决不伸手辅助。我常对芳芳说："我看你智商不低，挺聪明的。你别想让我给你请家教，你自己好好努力吧，不懂问学校的老师。"久而久之，她知道自己没有地方可依赖，心里就有压力，所以玩儿多了，她自己也会捧起书本复习功课。初中第一学年期末考试，她的各科成绩均在 98 分以上，全班排名第一。尽管已经相当不错了，但我还是常常嘱咐她不能放松对自己的要求。每每她都点点头，坚定地说："我知道。"

那天上午，我突然收到一封来自美国某报社的邀请函，下午又收到了一封加州大学伯克利分校邀请访学的函。这原本不抱希望的事情，竟双喜临门了。我和芳芳高兴极了。这意外的欣喜就像天上掉下的馅饼，仿佛世界对我们洞开了美好的大门。然而高兴之后，我必须面对许多现实问题：如果我赴美，芳芳住到外祖母家，能习惯那里的生活吗？我的单位领导能放我走吗？如果我辞职，那么回国后的工作和生活怎么办？我不在孩子身边，她还能出色地成长吗？我思来想去，最后还是不想放弃，这个机会实在太珍贵了。在与领导请示协商后，我得到了留职停薪的许可。我知道这是最好的处理方式了。

接着，我开始办护照。我一会儿跑公安厅，一会儿跑文化厅。那时办护照手续非常繁琐。忙忙碌碌后，在等待的过程中，我继续写作我的长篇小说。直到有一天拿到护照，我才跑到上海美国领事馆去签证。

趁着一个星期天，我和芳芳一起到百货大厦，采购旅行箱、书、茶叶、丝巾等我出门用的物品。我也给芳芳买了衣服、旅游鞋、文具、图书和课堂复习用书等。这时我心里万分感谢我曾经的会计兼职工作，正是那份工作的收入让我得以购买这些东西，并能留给芳芳足够两年的生活费。

出发的日子越来越近了。而出发前我必须完成我的长篇小说写作。于是，在我最想多陪陪芳芳的时候，却不得不奋笔疾书。完成书稿的那天，我如释重负，可是她开学了。黄昏时分，她回家告诉我："我们的班主任调走了。"我说："啊，这么好的老师调走多可惜。"芳芳说："新来的老师刚大学毕业呢！"

我们处在一个重要的转折期，无论芳芳和我。这些都让我心里有些隐隐不安。我不敢多想未来，我只能面对和把握现在。我知道这将是我第一次长时间离开芳芳，我并不知道她是否能适应新环境。毕竟她才12岁，我有太多的不放心。

离别的日子终于来临了。那天一大早，芳芳就一直在隐忍着什么。我知道她想说而没有说出的话。我紧紧地拥抱了她，和她挥挥手，我们都没有掉眼泪。望着她背着书包骑着自行车远去的身影，我百感交集。这是生命的维系啊！我真没想到暑假刚一结束，我们就都进入了另外一种崭新的生活。

当飞机擦地而起时，我才发觉我对女儿、对亲人、对这一片土地有着那么强烈的眷恋。

11. 牵扯的风筝

　　美国孩子无论家里多么富有，从小就有一种努力显示独立能力的意识。这的确是一种被环境熏习而成的自强精神，有了这精神，孩子的成长就有了动力和目标。

　　来到美国后，我几乎三两天就给家里打一次电话。芳芳的声音从话筒里传来，让我感到温暖和放心，但还是免不了种种离愁别绪。无论在图书馆，抑或是在超市，我都会想念我的小芳芳。每到一处，我都给她买点小礼物：一本书，一块石头，一支铅笔，一个书包，一张明信片……
　　那天我在伯克利小城的一家咖啡馆和朋友喝咖啡闲聊，当聊到各自的孩子时，我夸了我的小芳芳琴剑诗画样样拿得起，并且成绩优秀。这让朋友很是羡慕。华灯初上时，窗外忽然刮起了大风，枯黄的落叶被风卷起，在幽暗的路灯下彼此追逐着。我想念着我的女儿，不知道她收到了我寄给她的明信片没有；天冷了，她能自己添衣服吗？我想着想着就掉下眼泪来。我知道女儿正处在转折时期，一方面要适应新来的年轻女教师的教育方式，另一方面要适应外祖母家的作息规律和生活节奏。初二学年是学习任务很重的一年，那些英语、数学、物理、化学，她都能学得精通吗？只是我鞭长莫及，所有的不放心都毫无益处，我只能安心地工作和学习。

　　那一阵，我开始关心美国人的家庭教育，并对他们的教育理念产生了强烈的兴趣。我的邻居是一对美国夫妇，他们有一个儿子和两个女儿，还有五个孙子和外孙，休息天他们一家围在一起团团一桌，轻松欢乐的氛围深深感染着我。我关注着他们的一举一动，发现他们有着浓浓的亲情。这与我原来对美国家庭少亲情的印象，可谓大相径庭。而他们的亲情与中国人的亲情，又有着本质上的区别。他们的亲情多半基于精神上的关怀，物质上父母只给孩子一点点，希望孩子自己去创造；而中国人的亲情，父母给孩子则是物质多于精神。

　　这对美国夫妇的孙子卡特 12 周岁了，和我的小芳芳同龄，但他已经能替邻居剪草、送报来为自己赚零花钱了。每次赚到钱回来，他脸上布满着自豪感。美国孩子无论家里多么富有，从小就有一种努力显示独立能力的意识。这的确是一种被环境熏习而成的自强精神，有了这精

神，孩子的成长就有了动力和目标。等长到 18 周岁，他
们能独立成长或谋生，便在情理之中了。

我总是把我的所见所闻，写信告诉芳芳。应该说我的
芳芳长到 12 周岁，脑子里从没有过自立的想法。尽管她
曾经参加文艺演出赚回来零花钱，但这和美国孩子主动找
工作赚钱有着本质的区别。

暑假到了，我不停地旅游。每到一地，我最关注的是
教育。无论学校的教育理念，抑或是普通家庭的育儿方
式，都有不少新东西吸引着我，它们与我内心固有的教育
理念碰撞着。与美国孩子相比，很多中国孩子脸上少有那
种灿烂的笑容，他们的生活被父母填得满满的，缺乏独处
的空间。因此，中国孩子出现孤僻、焦虑和其他社交问题
的比例都高于美国孩子。这与中国父母在孩子身上易发怒
的程度高于美国父母有关。中国父母常常一味地对孩子进
行批评、责骂和说教，导致了孩子的逆反心理。所以，中
国父母应给孩子更多的自由，让孩子去选择自己的生活，
而不是强迫孩子按照父母的意愿生活。

每到一地，我都给我的小芳芳邮寄漂亮的明信片。我
希望女儿通过明信片上的画面和我的文字，与我一起分享
美国的风情。

在夏威夷，我在明信片上这样写道：

　　亲爱的芳芳，这是夏威夷外奇奇海滩，是举世闻名的度假胜地。海滩从钻石山开始，延伸达两公里。我走在白色沙滩上，能望见无际的海洋闪烁着蓝宝石般的光芒。椰子树下，许多穿比基尼泳装的女人，享受着阳光的沐浴。而大海上，波利尼西亚土著男人迎着巨大的波涛，一浪一浪汹涌地冲浪，那是一种集力量与美的水上运动。这里的大海是世界上最美丽的大海之一，它随着时间的变化变幻着水的颜色。尤其在傍晚时分，清澈透亮的海水，翡翠一样透着清波时，一轮红日渐渐沉落到海雾中去，先是橙红，继而绯红，远远地在水天相接的地方划一道红眉，真是美丽极了。

在旧金山美丽的金门大桥明信片上，我这样写：

　　亲爱的芳芳，这是最著名的金门大桥，马路宽敞有十几个车道，汽车刷刷地来回穿梭着，像鸟一样飞驰在桥面上。穿过金门大桥来到市区，这里有很漂亮的"蹦蹦车"。"蹦蹦车"就是有轨缆车，它是手工操作的。驾驶员一手操着控杆，一手拉着敲钟的绳子，偶尔还拉响小钟，传出叮叮当当很有韵律的钟声，听起来十分悦耳。这种车，是一百多年前一位叫哈里迪的苏格兰汉子专门为旧金山陡峭的街道设计的，至今已成为举世闻名的稀罕物。乘坐"蹦蹦车"，最惬意的就是站在栏杆旁看繁华的街景，下陡坡时任太平洋的和风呼呼地吹拂着。

在纽约、长岛，我说：

芳芳你看，这是大西洋边上的长岛，长岛有世界上最美丽的秋天。枫树多极了，到处飘零着鲜红的落叶。那些远远近近、高低不同的树木，色彩纷呈、绚丽丰富，仿佛一幅诗意浓郁的油画。我给你摘了几片红枫叶，塞进信封的一瞬，我最盼望的就是你能来欣赏这美丽的景色。我想有一天，你一定会来的。

在华盛顿我写了长长一段：

亲爱的芳芳，我到美国首都华盛顿了。华盛顿不像其他美国城市，它是由法国人设计的。走在街上，恍惚走在巴黎街头。因为华盛顿有很多地名以法国人的名字命名。那是因为美国独立革命时得到很多法国人协助的缘故。如果说巴黎这个城市的街道是以广场为中心，建有大大小小的凯旋门，那么华盛顿虽然没有凯旋门，却有历史名将、名人的铜像，其雕塑艺术有着特别的魅力，同样可以照亮你的双眼。亲爱的芳芳，美国虽然只有两百多年的历史，可它是个很会收藏艺术品的国家。只要你到博物馆，你就可领略毕加索的珍品、埃及的宏门巨柱、中国的明清文人画以及世界上各种各样的雕塑。

我的小芳芳收到我的明信片后，都会反复阅读我写在上面的文字。待我给她打电话时，她就会问得萝卜不生根，和我煲起了电话粥。当然煲电话粥的代价，就是减少给她打电话的次数。譬如本来一周一次电话，煲了电话粥后只能减到半个月一次，以节约电话费开支。有一阵由于工作和学习特别忙，我大概有近三个星期没给家里打电话了。一打过去，就传来了母亲的声音。母亲说："你早点回来吧，芳芳生病了，孩子不能没有妈妈带的。"我的心一紧，问："什么病？"

母亲告诉了我芳芳的病，尽管是"急性"的，但终归令我不安。更何况父母工作繁忙，根本没有多余时间细心呵护外孙女。如果有时间，母亲就不会催我回国了。我这么一想，仿佛病中的芳芳就在眼前，真是心焦如焚。而这么一急，又觉得自己的学业、成就，比起孩子的生命成长来一点儿也没什么了。

一个多星期后，我决定提前回国。我的同学和朋友说："不如把孩子接来美国吧，让她到这里读中学不是挺好吗？"他们一片好心，只是我更愿意让孩子在自己的环境里去争取、奋斗、成长。于是，办好了一切手续的第二天，我就启程回国了。

回到阔别已久的杭州，感到整个城市有了不小的变化。

那天晚上，我的小芳芳见我回来了，仿佛在梦里似的，有一种不敢走近我的迟疑。我说："我的宝贝女儿，妈妈回来了呀！"她这才朝我看看，走近了我。我的天，若是我再多待一年，她都要不认识我啦！当然，芳芳很快就与我亲近了起来。她拿出母亲节那天为我制作的一张贺卡送给我。我激动地把她抱了起来。还在病中的她，比以前瘦了一些，但精神状态不错。

随后我细细地看了芳芳的贺卡：洁净的卡纸上，画着一个胖乎乎的娃娃、一个美丽的礼品盒，还有她用毛笔书写的一行最美好的话——"妈妈，节日快乐！"

贺卡上的祝福，顿时变成了甜美的声音，在我耳畔回荡。

12. 初中生的关键时刻

迎接中考的日子，气氛总是紧张的。为了让芳芳松弛绷紧的神经，我买回来了两只画眉鸟。鸟笼挂在阳台上，一到早上它们就叽叽喳喳啼叫得欢。

我回国不久，芳芳很快就恢复了健康。这时已是初三年下半学期了，离中考的日子只剩下三四个月的时间。我知道这是一个初中生最为关键的时刻。我渴望与芳芳多一些交流，以减少分别这么长时间所带来的隔阂。然而，隔阂总是不可避免的。不知什么时候开始，芳芳喜欢谈论歌星、明星，喜欢说"酷"、"帅"、"爽"，喜欢做时髦的动作：耸肩。这些东西都让我感觉不入眼、不顺耳。我说："你才14岁，又不是老外，一个初中生怎么就耸起肩来了？"她说："这有什么关系？你刚从美国回来，还这样老土？"

我一时语塞。我知道这两年芳芳有着不小的变化。她似乎有些叛逆，有些随心所欲。心有些野野的，喜欢逛商店，买自己喜欢的漂亮衣服；但买回来没穿几天，就不中意了。我不再像从前那样强行制止她的行为，我只是说："穿衣服是一门学问，要挑选适合自己的肤色、身体、气质的衣服，才能穿出风格和内涵。"芳芳说："什么叫风格和内涵？"我说："简单地讲，就是一件新衣服穿在你身上要得体，才会有魅力。"她说："哦，明白啦！"其实，我没有少给芳芳买漂亮的衣服。我给她买的衣服，开始她通常看不上，慢慢地就喜欢上了。若干年后，有的穿得很旧了，因为款式好，她还是舍不得丢。

接下来，我们又进入了弹钢琴和背对背坐在书桌前做功课的日子。唯一与我出国前不同的是我不用去单位上班，仍然享受着留职停薪的"待遇"。

那天我去学校参加家长会，才发现芳芳现在的班主任是一位中年女教师了。也就是说，芳芳初中3年换了3位班主任。这位班主任非常操心学生的分数，仿佛对什么分数能考上什么学校很在行。因为中考是先填志愿后考试，如果志愿没填好，即使考了高分，也只能按填的志愿升学。我竖着耳朵听她滔滔不绝地讲着，还做着笔记。散会时，我走到讲台前问她："老师，我是解芳的妈妈，解芳填什么学校比较稳呢！"看来她有点讶异："啊，你是解芳妈妈？解芳这学期退步了呢！上学期还是班上第一，年级里前十名的。"我说："哦，退步了？"她说："依我看填二类重高比较稳。"我说："哦，那就进不了一类了吗？"她说："如果填一类重高，万一分数不够，到头来连二类重高也进不去，只能进普通高中了。"我说："哦，我明白了，谢谢你！"

回到家里，我没有呵斥芳芳退步，也没有把老师说的报二类重高的事告诉她。我说："嗯，这学期身体不好成绩有所下降，那是在所难免的；只要继续努力，你一定会考上理想的重点中学。"芳芳说："那考不进怎么办呢？"我说："你还没考，怎么知道自己就考不上了？要对自己有信心啊！"

在我的内心深处，我一直坚信芳芳能考上一类重高。暂时的退步，并不说明她资质下降，功底不扎实。我充满信心地对芳芳说："还有三个月就中考了，妈妈陪你一起追赶上去。"芳芳说："好！"

这年春天，我一连出版了长篇小说《杭州女人》、小说集《无家可归》和散文集《欲望的火焰》，自然是兴奋不已。后来，这几本书都很畅销。芳芳的同学和老师，也很快知道她的妈妈原来是个写书的作家。但芳芳没有半点优越感，依旧遮遮盖盖的，仿佛自己隐藏多年的秘密泄露了。我也是一个比较低调的人，我只顾着陪伴我的小芳芳度过一个又一个紧张复习的日子。

在我看来，文化课追上去并不太难，难的是体育达标。芳芳的体育成绩平平，而中考体育成绩占 30 分。如果芳芳在这 30 分中能拿到 25 分就可以了。我们家附近的中学有个大操场，每天黄昏我就和芳芳去操场跑步、掷实心球和练立定跳远。

"一、二、三——跑！"在训练中，通常我和芳芳是一起跑的。几圈下来，我们跑得气喘吁吁，满头大汗。掷实心球时，我给她测量每次掷出了多远。在我眼里立定跳远是最难的，但她轻灵地一跳就能跳出比较好的成绩，这让我放心不少。就这样，我们一天天坚持着这三个项目的训练。有时实在想偷懒，但一想到至关重要的中考，我们就又去操场训练了。

白天芳芳上学去了，我就忙看书、忙写作、忙家务。我们的日常生活平淡无奇，都是一些琐琐碎碎的事，如换煤气了，买大米了，拆洗棉被了，做家庭大扫除了。当然，更多的时间都忙于一日三餐。有时趁着买菜，我也买回来一些绿色植物。我把它们插在钢琴上的一只红色花瓶里，房间顿时有了生气。芳芳坐在琴凳上弹琴时，它们就合着芳芳的节拍在钢琴上摇头摆尾，有趣极了。芳芳说："妈妈，你为什么不买花，而买这些草回来呢！"我说："绿色是希望的田野。"她点点头，她明白我的意思。

迎接中考的日子，气氛总是紧张的。为了让芳芳松弛绷紧的神经，我买回来了两只画眉鸟。鸟笼挂在阳台上，一到早上它们就叽叽喳喳啼叫得欢，让芳芳一睁开眼睛，就有一个好心情。有时起得早，她就给鸟儿喂一下食，然后和它们说："再见！"

中考马上就要来临了。这之前要先填好志愿，真有点瞎子摸象的味道。这需要有一个比较正确的预测，既不能让孩子考了高分却进了普通学校，也不能让孩子不顾自己的实力，填高了落空。这确实是件不容易的事。终于，填志愿的那天到来了。我走进教室，发现全是家长来给孩子填志愿的。尽管我也是来给孩子填志愿的，但我深知家长这样的包办代替总归是不利于孩子的成长。可又有什么办法呢？

班主任见我来了说："我看还是求稳一点好，二类重高也蛮好的。"我说："哦，我再想想吧！"其实，我和芳芳在家里已商量过好多次。在三所一类重高中，我们老早就选择了杭州高级中学。那是鲁迅、郁达夫、徐志摩、李叔同待过的地方呢！于是我拿到表，马上在第一志愿栏里填上了"杭州高级中学"。回到家，我跟芳芳说："现在我们的目标只一个——杭州高级中学。"

　　填完了表，就像完成了一件大事似的。剩下来的时间，就要冷静、沉着地面对中考了。我不再和芳芳说考什么学校之类的事了。我觉得她的首要任务，就是摒除一切杂念复习。

　　五月底，体育开考了。那天我跑到考场去看，拼命给芳芳喊"加油"。后来发现芳芳3个体育项目都考得不错，总共得了28分，差2分就满分了。这无疑给她后面参加文化课考试增添了信心。

　　就这样芳芳仿佛心里有了把握，做功课时就会开点小差，玩儿一下。那天我在厨房做饭，她在阳台改成的书房里做功课，忽然她喊："妈妈快来看，快来看。"她的喊声让我想起她小时候喊我看她涂在墙上的画儿一样，是那么的兴奋和欣喜。我双手湿漉漉地跑过去，发现她正对着望远镜望天空。我说："天上又没有星星和月亮，你叫我看什么？"她说："你看，肉眼看不见的，通过望远镜就看到星星了。那里有一颗星星特别亮呢！"她欣喜地把望远镜给我，我看了看说："是啊，望得远，才能看得清。你日后前途无量呢！"我随口这么鼓励她，她呵呵笑着说："谁知道呢？什么叫前途无量呢？"我不理她，转身淘米去了。她放下望远镜，重新坐到书桌前做功课。

　　六月中旬，中考开始了。芳芳的考场在杭州二中，那里离她外祖母家不远。上午考完语文，她到外祖母家吃过午饭，又小睡了一觉，再迎接下午的数学考试。那两天我都去了考场。她进考场时，我对她说："你一定行的。"她头头点，一副马到成功的样子。

中考结束后，我们就等着分数的揭晓了。我知道中考是孩子一生中最重要的第一步，这一步走好了，下面的路就会顺一些。我们一天天地等着分数出来，那种等待，何其揪心呵！终于等到了可以查声讯台的日子，芳芳自己拨了电话。

"哇，557 分！"芳芳和我都惊叹于这个分数。我们把去年的录取分数拿来一参照，便知道这个分数肯定能进杭州高级中学。一颗悬着的心，终于落下了。

还未收到录取通知书，芳芳就去参观了杭州高级中学，那是名副其实的江南名校。开学后，芳芳很高兴地知道了自己的成绩比录取线高出 30 多分。

13. 考入名校

> 她知道妈妈是最爱她的，在她的感觉中妈妈是最理解她的。一个孩子明白了爱和理解，那么她就喜欢与你沟通了。

我的小芳芳从名不见经传的普通中学，考入有着丰富历史渊源的江南名校，这让我十分欣慰和喜悦。这年八月若不是她要参加学校的新生军训，我就带她一起去北戴河避暑了。

第一天军训回来，她哈哈大笑着说："妈妈，我今天大出洋相了。"我说："怎么了？"她说："是一个军人来给我们训练，他喊一二一，我老是和全班同学迈着相反的步伐。他见了说，嗨，你错了错了。同学们大笑，我也笑死了。"

"你不至于这么笨吧？"我说。

"他讲的家乡话，我听不太懂，所以该迈右脚时迈了左脚，该迈左脚时迈了右脚。哈哈哈……"

我的小芳芳军训时迈错了步子，回来却笑得那么爽朗。回想 20 世纪 70 年代初，我读中学时若军训迈错了步，那是要写检讨书的。到底时代不同了。芳芳军训一结束，我就花了五百多元，给她买了一辆当时最时髦的山地自行车，算作对她考进名校的奖励。她每天放学回家像宝贝似的从楼下扛到楼上家门口，然而才骑了一个星期，那天晚上八点多屋里还亮着灯，山地车被偷走了。无奈之下，芳芳只得骑那辆旧的小轮自行车了。

高中的同学，都是来自本市和省内各校的尖子生。芳芳又被选为班干部，担任宣传委员，后来又年年被评为"三好学生"。由于不再担任班长，她感到轻松多了。她的班主任是一位有一个两岁孩子的数学女教师。芳芳的数学不错，中考时得了满分。于是我就想芳芳以后跟她读理科吧，像她外祖母那样做个名医多好哇！我的如意算盘打得美美的，却不料芳芳一进名校就放松了自己的学习，成了一个不折不扣的足球追星族。家里的墙上到处贴着球星的大幅照片，像劳尔、贝克汉姆、亨利等。我并不反对她追星，孩子心中有一个美好的偶像，总归是好的，但这需要把握一个"度"，不然就会误了学业。

那天国足来杭州比赛，门票十分紧张，我就托报社的朋友要来了两张票，原以为能让芳芳大大地过一把足球瘾，不料她却说："这又不是劳尔、贝克汉姆踢球。"她想看的是她梦想中的足球王子啊！

深秋时节，我第一次到杭高参加家长会。班主任把期中考试的成绩单发了下来，芳芳的成绩是：班级第 10 名，年级第 130 名。全年级 500 多名学生，这成绩在中上，也算不错了。我并不要求孩子死读书。因此就让她去追星，买来跳舞机让她跳舞，由她玩儿个痛快。

这年春节我们哪里也没去，大年初一晚上，忙碌了一天的我疲劳得闷头就睡。一会儿，芳芳在隔壁房间喊："妈妈，窗外好像着火了呢！"我穿着睡衣睡裤跑到她房间，打开窗子一看，楼下的火已经窜到窗口了。

"快，你快起床。"我冲芳芳喊。

接着，我一边报警，一边手忙脚乱地将自来水一桶一桶从窗口泼下去。芳芳也穿着睡裤睡衣，一脸盆一脸盆地往窗外泼水。等消防车到来时，我们母女俩已经将火扑灭了。我们顾不得披上外衣，就赶下楼去看热闹，一点也不觉得冷。看着被我们扑灭的火，我们还真为自己的冷静和勇敢而得意。

由于芳芳的敏感，我们避免了一场可能发生的灾难。我紧紧地抱着她说："若是晚一步火燃着了我们家的木窗就危险了。"芳芳说："嗯，我看窗外那么亮不太像烟火，烟火是马上就会熄灭的。"

当我们重新躺下时，已是凌晨了。楼下那户着火了的人家，家里仍然没有人，大概走亲戚去了吧。第二天起床，我的小芳芳好像一下长大了不少。她说："昨天晚上太惊心动魄了。我记住了，遇事要冷静才能方寸不乱。"

很快又到了暑假。芳芳提出要学网球，我就和她一起去报名。学习打网球，在当年可是个高消费。但只要女儿玩得开心，我是在所不惜的。

我给芳芳买了一套白色网球装，短短的裙子穿在身上，她显得非常漂亮。我还买了一副网球拍和六七只网球，在教练的指导下，我们开始上路。我们像从前天蒙蒙亮就去舞剑那样，一大早就出门去打网球了。

对于孩子，我总是希望她成为她自己，而不是大人的翻版。陪伴她打网球，更多地是为了和她一起成长。已步入中年的我，也因此保持了一颗活泼的心。说实在的，和孩子在一起的过程，是向孩子学习的过程。孩子身上有不少值得我学习的新东西。只有和孩子在一起，我的思维和观念才不会落伍。

当然和孩子一起玩需要体力和时间，大多数父母最舍不得赔上属于自己的时间。我这个在家写作的作家，在时间上有比较优越的条件。在时间的分配上，我基本遵循这样的原则：孩子第一，写作第二。

"快接球。" 芳芳跳跃着喊。

"哦，来啦!"

其实，我们彼此都很少能接住球，但我们还是很开心。万事总是从不会到会，从会到精通的。每天打完球，回到家洗澡、吃早餐后，又进入了弹钢琴和看书的时间。

自从学习了网球后，芳芳已逐渐淡出了足球追星族的行列。家里墙上的足球明星，也被换上了网球明星。

打了整整一个暑假的网球，我们都晒黑了，但身体结实了不少，精神也格外爽快。

转眼，芳芳到了高二上学期的期末了。正是新千禧年来临的喜庆日子，仿佛历史进入了一个新的转折时期，我们的内心都有着无限的期盼。

那天芳芳回家告诉我："老师说，要分文科班和理科班。文科班只两个班级，理科班有八个班级。你说我上文科班还是理科班?"

"这得让我想想!" 我说。

"你不是说过让我跟王老师学理科吗?"

"是啊，我说过。可是这关系到你将来的发展，我还得再想想。"

"老师说，这星期要报上去的。"

94

"哦，那你喜欢文科还是理科呢？"

"我不知道。都好的。你决定吧！"

芳芳把皮球踢给了我，我就必须对她的未来负责。那几天我思来想去，最后在心里确定了文科，但我还是想听听芳芳自己的想法。我说："你先告诉我一下喜欢文科还是理科？"她说："我嘛，最讨厌就是上语文课，毫无趣味可言。"

我知道芳芳不喜欢上语文课，但毕竟她身上有着写作方面的天赋。她的数学特别好，可读文科也必须考数学。数学好的孩子，读文科就比较容易拿高分。当然，在我看来还不仅仅是这些，更主要的是读文科对她将来的发展也许比读理科好。

她听了我的一番解释后，觉得有道理，最后我们达成了共识。高二下学期，她快快乐乐地进了文科班。这学期期中考试成绩下来时，果然不出我所料：班级第 3 名，年级第 8 名。这比她高一时的成绩大大地向前跨了一步。

新千年春暖花开时，我的第二部长篇小说《疼痛的飞翔》出版了。自从留职停薪后，我就是靠一点银行利息和微薄的稿费来养活自己和孩子的。这部长篇小说的稿费虽然不多，但同样让我乐开了花。一拿到稿费，我就带着芳芳给她买漂亮衣服去了。

在银泰百货商厦，芳芳看中了一件荷兰产的名牌中空马甲。款式不错，白色中镶着蓝色的滚边，看上去雅致干净。只是价钱太贵了，我有些犹豫。她说："那就不买吧！"女儿毕竟是乖女儿。女儿长这么大，我还没给她买过什么名牌。于是心一横，说："妈妈今天拿稿费了，就买这件吧！"

"真的？这么贵呢！"

"没关系，只要你喜欢。"

芳芳高兴极了。她知道妈妈是最爱她的，在她的感觉中妈妈是最理解她的。一个孩子明白了爱和理解，那么她就喜欢与你沟通了。

那天杭高百年校庆，我去凑了热闹。杭高的历史，是如此辉煌。从浙江最早的公立中学到浙江新文化运动中心，从浙江规模最大的综合中学到享誉全国的江浙"四大名中"，杭高涌现了一批又一批卓越人才，像陈叔通、沈钧儒、鲁迅、经亨颐、李叔同、夏丏尊、陈望道、马叙伦、朱自清、叶圣陶、蒋梦麟、崔东伯、徐志摩、郁达夫、丰子恺、潘天寿、曹聚仁、柔石、冯雪峰、金庸等等，真是名家荟萃啊！

　　学校请来了遍布在世界各地的杭高毕业生回母校演讲，听得我热血沸腾，深受触动。我的心中产生了一个想法，或者说是梦想：我的小芳芳将来一定也会学有所成，报答母校。

14. 上家教班

> 我一直认为，父母及时指出孩子不对的地方，同时告诉他如何才能做好，是至关重要的。如果父母只是一味地指出孩子的缺点或错误，而又不给予正确的引导，那么时间一长，孩子就会失去自信和自尊……

2000 年 12 月，离高考还有半年的时间，我给芳芳找了数学、英语这两门课的家教。毕竟高考不同于中考。辅导老师都是学校的高三教师，我和芳芳周二晚上去英语老师家，周五晚上去数学老师家。辅导老师一般六七个孩子一起辅导，他们家的饭桌被孩子挤得满满的。

芳芳上课后，我就在外面路灯下看书等着。每次听到楼梯那边传来踢踢踏踏的脚步声，我就知道芳芳下课了，心里便涌出一种莫名的喜悦。我冲她说："下课啦！辛苦啦！"她就咯咯地笑了，拥着我和我说些上课时的有趣事儿。

夜晚的风呼呼地吹着，我们走出弄堂，有时买两根冰棍，有时买两块蛋糕或其他什么的，再到公交站等汽车。我们需要坐五六站的车，再走上大半站路才能回到家里。一路上说着笑着，我们一点也不感到累。

这么多年来，早上六点我一定要起床，不上班的日子也不例外。这个六点钟好像是一根鞭子，不管我四肢多么沉重，总是固定地毫不留情地抽打着我。我起床后的第一件事，就是取牛奶、买早点，再把芳芳的自行车从车棚里扛出来，推到大门口；然后一遍遍催她起床，催她吃早餐。我已经很多年没有睡懒觉了，有时芳芳去读书后，我再睡上一个回笼觉。醒来后又想着芳芳此时正在埋头于功课，便觉得她比我辛苦多了。

这年年末，我出版了第三部长篇小说《真情颤动》。这是一部反映国企改革的书。刚拿到样书不久，我就听到省电台"孤山夜话"栏目介绍这本书，很是欣喜。在我的生活中，写作和芳芳的教育是我的两大重担与责任。应该说，我和芳芳之间的关系，更像一个战壕里的战友那种关系，彼此是知心朋友。她也有淘气的时候，有时不高兴了，就把家里的两扇木门关得啪啪响，墙壁灰扑扑地飞下来。

"你干什么呀！真是个淘气包……"我说。

"我不高兴。"

"什么事情不高兴了呢？"

"就是不高兴！"

说着，"嘭"一声把门关上，并且反锁住了。这孩子一不高兴，就把自己关在房间里，叫她吃饭也不开门，让我有些恼火。不过，我也有对策。我搬来凳子，站上去，从气窗上望进去，看见她坐着沉思，就"嘿嘿"地笑出声来。她打开门说："你干啥啦！"我说："看看你。"她又把门"嘭"地关上了。我冲门里面说："好吧，那你就好好反省反省吧，犯了错误闭门思过也是对的。"我这么一说，她就急了，道："我哪里犯错误了？我不过就是心情不好。"我说："你真傻，心情不好要让自己快乐起来才是啊，找烦恼是笨人的办法。"我有时候就喜欢刺激她，激将法用在她身上还是蛮灵的。因为她会思考，会一点点吸收新的有益的东西。

我一直认为，父母及时指出孩子不对的地方，同时告诉他如何才能做好，是至关重要的。如果父母只是一味地指出孩子的缺点或错误，而又不给予正确的引导，那么时间一长，孩子就会失去自信和自尊，产生逆反心理，并且不愿和父母交流，渐渐地两代人之间的代沟就会越来越深。凡是芳芳会的东西，我肯定努力去学，学了才会与孩子有更多的共同语言。孩子最需要父母之爱，那种精神多于物质的爱。我在美国时，美国邻居对她的孩子嘴上时时挂着"Love"，直让你感到父母所特有的那种慈爱的力量。

其实，晚上陪芳芳上家教班对于我也非常有乐趣。我在夜晚的路灯下看书，有时就和小区的门卫老头儿聊天，老头儿八卦消息可多了。谈到教育也能说出小区里谁家孩子有教养，谁家孩子考上了名牌大学等等，最后谈到他自己是如何把孩子拉扯大，让他们一个个考进大学去，听得我羡慕不已。别看老头儿管着社区大门，却是杭高"老三届"高中毕业生，和我的小芳芳还是校友呢！

参加家教班学习，芳芳的数学和英语成绩都有所提高。在学校的高考模拟考试中，她的数学得了满分，英语得了 136 分。这样的成绩，确实不错了，而她的写作能力也有了很大的进步。那天她给我看了她写的作文——

塑制苹果的悲哀

解芳

女人决不是神秘命运的牺牲品。

——西蒙·波娃

《圣经》把人类起源归功于上帝：上帝用泥土创造了男人，又从男人身上取出一条肋骨，做成了女人。当那个男人看到由自己肋骨变成的女人时说："如今，终于有了这生灵，骨取自我骨，肉取自我肉，就称之为女人。"

生活中的美来自大自然的生命，从艺术家的手中流露。艺术家创造了一个塑制的苹果，静静地躺在另一个真实的苹果旁边。人们赞叹艺术家高超的技艺，因为塑制的苹果同样让人垂涎欲滴。然而人们始终都站在临摹的角度上评论、欣赏。塑制的苹果在人们心中就是真苹果的附属品，无论它闪耀着何种光辉，都在"逼真"与"相似"中被湮没。

女性在人类社会中的地位与处境就像那个塑制的苹果，长久以来都生活在男性的阴影之下。尽管在中国我们找不到类似于西方男人造就女人的传说，但从父系氏族开始，中国的社会思想就被卷入这种涡流，女性地位卑微、遭受摧残与迫害正一点点暴露无遗。从客观的角度来看，我们不能否认生产力的发展促进了男性地位的提高。但正是这一点的不健全发展，导致了男权主义，一直到今天，男尊女卑，女性"要生存，就得先把泪擦干，……从来女子做大事，九苦一分甜……"。

都说"红颜"是"祸水"。唐高宗迷恋武媚娘，最后还使得大唐江山落入武氏周朝的手中。唐玄宗宠爱杨贵妃，不但"开元盛世"灰飞烟灭，还要遭受"安史之乱"。而吴国夫差因为西施消磨了复仇兴国的意志，最终败在勾践手中，自刎亡国。这些都是后人的评价，是那些大男子主义者推卸责任的借口。女性在历史上的地位，就像一个容器，默默承受着男权主义者抛来的种种垃圾。女性成了男性用来复制自己的工具。貂蝉被用来离间董卓与吕布，而王昭君则被用来与匈奴和亲。这些违背了女性个人意愿的行为，却被套上了"爱国"这一顶冠冕堂皇的帽子，以掩饰男性内心的欲望。而当这些行为失败了，也就是违背了男权社会所要求的方向，这些红颜只能是"祸水"。

几千年的思想束缚使得女性逐渐认可了附属于男性的处境。历来"女子无才便是德"。大部分女性盲目无知地丧失了潜在的锐气与抗争精神。哭、闹、寻死成了她们仅有的方式。我不喜欢林黛玉，虽然她有才情，也希望向封建制度挑战，但她缺少勇气与胆识。她总是以哭的方式来解决不顺心的事，小女人般的暗自抱怨世态的不公，却又从未尝试着真正去做些什么，最终还气得病死了。我认为林黛玉"知书"但并不"达理"。这个"理"不是封建传统的那一套道德礼仪，而是指女性应有的抗争与豁达。如果这样林黛玉也不会有太悲惨的结局。

女性是男性主宰世界的牺牲品。历来多少才华横溢的女文人因为时代的局限，无发挥余地，郁郁而终。李清照就是这样的例子。她一生艰难，愤世嫉俗，却又不甘失败，只得"寻寻觅觅，冷冷清清，凄凄惨惨戚戚"。而今天，尽管提出了男女平等，但男尊女卑依然根植于很多人的潜意识中。三毛和李清照可以算"同是天涯沦落人"，一样的满腹才华，一样的倔强不屈，在男性文化主宰的社会中辛苦前行，以期摆脱男性附属品的阴影。

女性不该是命运的牺牲品，更不该是男性命运的牺牲品。

读了芳芳这篇作文，我发现她富有理性思辨能力，文字功夫也相当不错，这让我安慰。因为在我的感觉里高考作文最需要这种理性思辨，而不是纯粹的抒情。能写出紧扣题意且有思想深度的作文，自然能拿高分。这篇文章后来发表在 2002 年 4 月 11 日的美国《侨报》副刊和 2002 年 8 月 19 日的《浙江文化报》副刊上。当然，那时她已经是浙江大学中文系的一名大学生了。

15. 高考临近的日子

> 第二天、第三天，我照样把维生素 C 当作安眠药给她服下。哈哈，后来她发现，说："你骗我啊？"

2001 年"五一"劳动节，离芳芳高考的时间越来越近了，但我们没有太多的那种临战的紧张感。应出版社之约，我开始写一部有关夏威夷的长篇小说。白天，我趴在写字台上爬格子。写累了，或者文思枯竭的时候，那架陪伴我们多年的钢琴，就会奏响我生命的另一个乐章。我弹巴赫，也弹肖邦、莫扎特，这时候家里唯一的听众是一只蜘蛛。它在我头顶的墙角上吐丝织网，其纺织手艺炉火纯青。

多年来，我过着门可罗雀的日子。白天女儿上学去后，我与蜘蛛为生存忙碌着。我们各自苦心经营网格事业，互不侵犯，和平共处。黄昏，我去农贸市场买菜。回来后围上围裙，进厨房烹饪各种美味，让诱人的香味温暖我们的生活。芳芳就是在我的锅碗瓢盆交响曲中，渐渐长大的。我们每天都变着花样吃，譬如龙井虾仁、宋嫂鱼羹、东坡肉、西湖醋鱼等，我最拿手的是萝卜丝鲫鱼汤。

萝卜丝鲫鱼汤，因为价廉物美，做起来方便，成了我们常吃不厌的菜肴。除了这个菜，我还常做排骨莲藕汤。莲藕煲汤，能健脾开胃，益血补心，只是做起来不那么省时，它需要大火烧开后，改用小火煲差不多一小时，才能把排骨煮透。芳芳非常喜欢吃。读书是件费脑子的事，有丰富的营养实在太重要了。

然而，那些天我总是和我笔下的人物纠缠在一起。我陪我的主人公神游在夏威夷欧湖岛上，并为他患上绝症而悲伤不已。有一天芳芳放学回家了，我竟然还没有买菜做饭。这一耽误，让我深感内疚。于是我赶紧拿着一只饭锅，去隔壁小店买云南过桥米线，又买上一盘白斩鸡、一盘酥鱼、一盘笋干。芳芳非常喜欢吃过桥米线，她吃得开心，我这才放心了。

没上家教班的那几天，晚饭后芳芳都要睡上半小时，把精神养好了再起来复习。我们依然背对背地在书桌上做功课，她做她的习题，我写我的小说。偶尔回转头，聊一会儿天。这样的氛围，让我们感到非常温馨。差不多十点，我和芳芳一般会到附近的小店买一些麻辣烫、羊肉串之类的夜宵回来吃。

应该说，临近高考的最后两个月芳芳基本不摸电脑，但偶尔会看电视。我们家在 20 世纪 90 年代中期就有了电脑，一个台式，一个笔记本，可以拨号上网，但芳芳似乎从来没有过电脑瘾、网瘾。高二时，同学家里没有电脑，她就让他们来我家里学习打字。我的小芳芳不论在哪里，总是人缘比较好。关键在于她容易适应新环境，谦虚好学又成绩优秀，再加上能弹一手好钢琴，有了好东西能够很大方地与同学们分享。因此从小学一年级开始，她在同学当中一直很有威信，一直被同学们羡慕和喜欢。

她也有放松自己的时光，不知道"度"的把握。高考前一个月，她又成了足球迷。那天打开电视正巧有世界杯，她说："妈妈，我看一会儿电视。"我说："好吧，就一会儿。"但后来她看足球的热情与激动，使得功课也顾不上做了。这让我惶惶不安。怎么办呢？如果让她少看或不看，她肯定听不进去。但让她看过瘾了，就要耽误很多做功课的时间。这高考前的紧要关头，容不得她这么大把地挥霍时间。于是我着急地说："你怎么没有分寸感，不知道轻重呢？"我刚开口，她就蒙起耳朵不想听。这让我十分恼火。我恼火的不是她看足球，而是她遇事不明白、不克制，不懂得高考是她人生的转折关口，必须好好把握的道理。于是我一气之下，就关了电视。她冲我大叫大嚷。但再叫再嚷也没有用，因为这是她的错。她没有把"度"把握好。我理直气壮地说："咱们家有家规，违反不得。"她气呼呼地坐到书桌前，横横地说："不理你了。"

我的长篇写得非常顺利，到了六月中旬已经完成了大半部。那天澳洲一个教育家朋友来杭，我陪她喝茶、游湖、聊天。关于教育，我们谈得很投机。教育不仅仅是对孩子，亦是对父母而言的。在教育好孩子的同时，父母要不断地接受再教育，才能更新观念，提升修养，更好地教育孩子。父母的智慧在于能够让孩子看到人生的希望，让孩子有一个自己奋斗的舞台，以及一颗竞争的心与坚韧不拔的意志；而不是替孩子拉关系走后门，抑或是用金钱为其铺路。我的澳洲朋友非常认同我的教育观点，这让我在对孩子的教育上有了更多的自信。

和孩子一起成长，也是作为母亲的我不断学习的过程。唯此，我和孩子之间才有了真正的互动。也就是说，我们都在追求一个制高点。追求是一种过程，其中有苦有甜。即使未能实现自己的目标，但只要我们努力过了，也就对自己的人生交了一份及格卷。如果能实现自己的理想，那么就是一份满分卷了。

这个时候，学校给高考生放假了。芳芳天天在家里全力以赴地复习迎考，我就做她的后勤兵。为了给她做可口的饭菜，我天天跑农贸市场。有时买鱼、虾、牛蛙，有时买猪肉、鸡蛋、鸭子等，还常常烧上一锅银耳汤。晚饭后，我就陪芳芳到我们家对面的中大广场去散步。很多年来，我们对散步这项运动乐此不疲。在细雨微茫的傍晚，撑一把阳伞，听雨点拍打在阳伞上的声音，我便想起王昌龄的诗句："岭色千重万重雨，断弦收与泪痕深。"诗人的痛苦伴着雨声诗化了？而诗化了的泪痕"深"几许？这让我想起著有《漫步遐想录》的法国作家卢梭。他在散步中走完了人生路。而人生何尝不是一种散步啊！

散步的时候，是我与芳芳心灵沟通的最好时光。我们谈文学、谈学术、谈科学、谈时事政治，小家伙谈起来头头是道，让我惊讶于她竟然知道那么多，更多的时候我只能当她的听众了。我对她说："你知道得这么多，一定能考高分。"她说："那不一定，谁知道呢！"

中大广场有一口大钟，还有音乐喷泉，我们走累了就坐在喷泉边的石凳上休息。这时一道灿烂的晚霞席地而来，飘坠着五颜六色的彩带，美丽极了。芳芳是那么放松地笑着，欢呼着，快乐着。

　　钟声敲响七下时，我们准时回家来。看完半小时的央视新闻联播后，就坐到书桌前继续做功课。到了六月底，我把15万字的长篇小说完成了。高考是七月七、八、九日3天，我正好能够一字不写全心全意地陪芳芳度过高考前的最后一个星期。

　　高考的时间一天天临近，芳芳忽然有些紧张起来，仿佛有一座大山压着她。我想这也许是绝大多数高考孩子都会出现的问题，但要让孩子坦然面对才是上策。我打趣道："你怕什么呀，就像平时一样，做习题时冷静沉着就可以了。"她说："你说得倒容易，这到底是我的前途呢！"我说："任其自然吧！"

　　其实，我的安慰没有用。面对她的胆怯和紧张，我决定在她的书桌前方贴一纸标语，以激发她的勇气和力量。征得她同意后，我就用白纸绿字写好贴上了。她抬头就能看见那一行字，效果还确实不错。然而情绪稳定了几天后，到了临考前两天，她又开始紧张了，晚上睡不着觉，这可把我急坏了。

　　"你别老想着考试，想想别的开心事。"

　　"我数数字，可是还睡不着。"

　　我说："我给你吃颗安眠药吧！"她说："好吧！"于是我从药罐里找出一小瓶维生素C，取出一颗给她用温开水吞下，不一会儿她就睡着了。我心里想这真是高考心理病啊！第二天、第三天，我照样把维生素C当作安眠药给她服下。哈哈，后来她发现了，说："你骗我啊？"我说："这说明本来你是能睡着的，全是心理因素搞的鬼。"

16. 上战场

> 她进考场去了。我知道胆怯和紧张，在她身
> 上已不复存在。她变得冷静、沉着，眉宇之间有
> 一股勃勃英气。

　　七月七日这天，非常炎热，我们早早地起床了。吃过早餐，芳芳拿好准考证、2B 铅笔、圆珠笔和一瓶矿泉水，一切准备停当后，我们就出发了。因为担心堵车，我们步行到考场。走到学校大门口时，芳芳的班主任老师已经站在那里迎候学生，见一个就交代一次要注意一些什么。芳芳和老师打过招呼，又走到了我的身边。我说："心在内心，外界的东西视而不见。冷静仔细，你一定行的。"芳芳点点头，转身进考场去了。我透过学校的铁栅栏，望着芳芳远去的背影，直到看不见为止。

　　考生们一个个进考场去，家长们却依然拥挤在校门

口，有的蹲在树荫下，有的几个一堆聊天，真是可怜天下父母心哪！我急匆匆赶回来，买菜做饭，收拾房间，一边想着芳芳开始动笔了吧，只希望她每一道题都答对。按芳芳的说法，答对一道题，就是消灭一个敌人。那就让她把敌人全部消灭，打一个胜仗回来吧！

早早地做好了饭菜后，我便去学校接芳芳。学校门口早已拥满等待的家长，人们一个个伸长脖子翘望着。这时零零星星有孩子考完出来了，我也看到我的芳芳了，我冲她喊："芳芳！"她激动地朝我奔来。我没问她考得怎么样，而是告诉她我给你做了好吃的，还买了西瓜和冰激凌呢！我知道考生刚考完，最怕别人问她的感觉了。无论好与不好，考完了就成为既定事实。现在最重要的是让她把精力集中到下一次考试上，至少不要影响她的情绪。

中午饭后，芳芳小睡了半小时便起来复习功课。不管是对上午已经考过的语文，还是对下午的数学，看得出芳芳都充满信心。我们仍然步行去学校，走到学校大门口时我们拥抱了一下，她就进考场去了。我知道胆怯和紧张，在她身上已不复存在。她变得冷静、沉着，眉宇之间有一股勃勃英气。

看到芳芳的身影消失后，我便转身回家了。我先洗了一个澡，接着开始写我那部新长篇小说的后记。写完后记，就又到了去接芳芳的时间了。其实，是我自己非常乐意去接芳芳。我总希望她一出考场，就能见到妈妈笑眯眯地迎候着。那是一种亲情。没有什么比这种亲情更好，更有力量了。

考试还没有结束，家长们在谈论着自己的孩子上午语文考试的感觉，对考卷内容简直如数家珍般的熟悉，仿佛他们就是考生似的。我从他们嘴里知道了今年高考作文的题目：诚信。

考试结束铃响后，芳芳才离开考场出来。她说："我老早就做完了，但是我翻来覆去地检查了好几遍。"我说："对呀，数学一道题也错不起，应该仔细。"她快乐地笑着，拉着我走进了一家水果超市。我们一起挑选了芒果、荔枝和香蕉，满载而归。

第二天和第三天的考试，我依然和她一起去学校，再接她一起回家。我这么来来回回地接送，心头热乎乎的，那是一种母亲情怀呀！有时我心里想，现在的孩子真幸福，不仅父母重视，连政府也重视，在考前就早早地颁布"禁声令"了。而二十多年前我参加高考时，从复习到考试，全是自己的事情。等到考完了，父母还不知道我也参加了高考呢！

3 天的高考，很快过去了。芳芳显得十分轻松。关于高考作文"诚信"怎样写，她娓娓道来。我听后觉得不错，有叙述也有哲理，应该能拿高分。她估算着自己的成绩遥遥领先后，俨然凯旋的战士，一副自得的神情。

那天傍晚我对芳芳说："妈妈请你去吃馆子，咱们轻松一下。"她高兴地说："真的吗?"我说："当然真的，我们去国际大厦顶楼的旋转餐厅怎么样? 自助餐，让你吃个饱。"她高兴地说："好耶!"

芳芳穿着我从香港给她买回来的淡湖蓝背带裙，配上雪白的 T 恤，显得可爱极了。我把长发高高地盘在头顶，穿上一条白底真丝印花连衣裙，感到精神气十足。国际大厦离我家不远，走过去也就 15 分钟。

来到顶楼旋转餐厅时，只有寥寥几位外国顾客。我们选了一个靠窗的位子坐下来，往窗外瞭望，杭州美景尽收眼底。

旋转餐厅，想吃什么拿什么，吃饱为止。芳芳第一次吃自助餐，高兴极了。她大盘小盘，全都装得满满的。我们边吃边聊，非常开心。可是毕竟只有一个肚子，平时胃口不大，吃不到一盘便撑得吃不下了。她哈哈地笑道："我最多吃了 10 元钱的东西。"我说："谁让你一上来就吃蛋糕这种撑肚子的东西呢?"

当时自助餐还是个新生事物。我们吃完离开时，旋转餐厅内的顾客仍然不多，而且基本上都是外地人和外国人。他们的目的不仅仅是吃，更是为了欣赏杭城夜景。作为本地人，我们也享受了一番外地人的感觉。毕竟从二十多层高的旋转餐厅俯视下去，灿烂的霓虹灯显得格外好看。

从观光电梯下来，我们走进了杭城最时髦前卫的银泰百货商厦。这里的衣服比较贵，但款式新颖，吸引了很多年轻人。芳芳最喜欢在这里买衣裙，只要穿在她身上得体好看，不管价钱多少我都会毫不犹豫地买下来。当然有时候我们只逛不买，仅是呼吸一下时尚款式的空气而已。

几天后，声讯台可以查分了。芳芳一遍一遍地听，那分数让她开心极了，也让我眉心舒展，无比欣慰。然而接下来填志愿，仍然像盲人摸象一样，有点打赌的味道。我思来想去，觉得不能冒险，求稳是最实在的。于是，尽管知道芳芳考了高分，我们仍然不敢冒险填北京大学。再三权衡之后，我觉得进浙江大学是比较稳的，况且浙江大学也是国内一流名校。再说芳芳只有 17 岁，让她先在家乡锻炼独立生活，有了过渡，日后慢慢地再考到外地去读硕士，应该是个比较好的选择。

确定了这个计划，我就与芳芳商量。结果，芳芳非常认同我的观点。从家里到浙江大学，骑自行车才二十多分钟，天天可以回家。文科类有不少当时的热门专业，如金融、教育、管理、哲学、历史等，但芳芳还是喜欢中文系，就填了中文专业。

　　填完志愿后，过了半个来月，浙江第一批重点大学的录取线出来了：文科543分，理科569分。芳芳的文科分数远远超过了543分，也超过了北京大学在浙江的录取分数线，但我们并不遗憾。我们相信我们的选择是合理的，没有什么可惋惜的。就这样，她以高分顺利地考进了浙江大学。

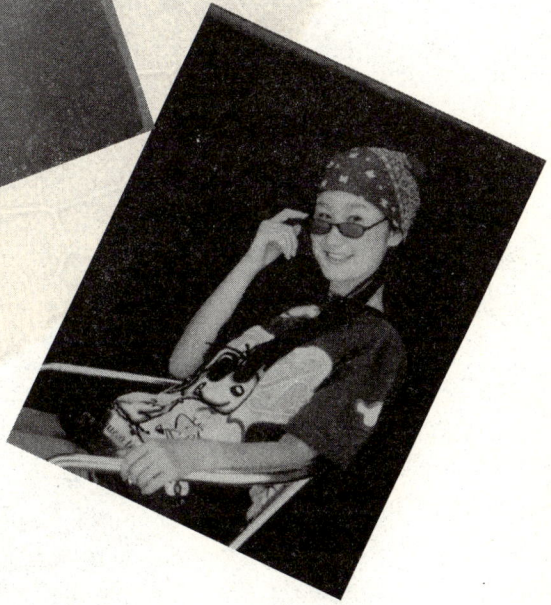

你保持早年优美矜持的形象
在黑夜里仍有隐忍的泪水
凝固在白色衣裙上
难道没有温暖便是无望?
——顾艳《一个忧郁的女
人坐在画中》

17. 最轻松快乐的暑假

> 我知道说教孩子是听不进去的。我注意在陪伴她的点点滴滴中给予她引导，在具体的事情中让她得到启发。

高考后，在进入大学前的这个暑假是最轻松快乐的暑假。没有了考试的负担，芳芳又可以随心所欲地玩儿和看书了。只是 2001 年的夏天，杭州仍然是一座高温火炉，热得让人喘不过气来。

7 月 10 日后，我开始对有关夏威夷的这部长篇小说进行修改。除了买菜做饭，我整天坐在书桌前汗流浃背地忙活。芳芳一会儿和同学出去玩儿，一会儿让同学来家里弹钢琴、看电视，有时一整天都到图书馆去自习，忙得不亦乐乎。我最乐意她去图书馆，那里有空调，比家里凉爽多了。然而到图书馆自习室，需要一大早排队领票。

　　自初中开始，我就时常来图书馆为芳芳排队领票。来排队领票的全是家长，他们睡眼惺忪，哈欠不断；有的则是上完深夜班直接过来的。凡要领票的前一天晚上，我肯定睡不踏实，生怕睡过头。因此常常是半夜醒来，便不再睡了，待到凌晨五点就出发去领票。芳芳在图书馆自习时，中午有时我会买上肯德基给她送过去，有时就和她一起到附近的好又多超市餐厅共进午餐。然后我回家，她继续到图书馆自习室用功。

　　7 月 20 日，我的小说修改完成，随即传给了出版社，总算大功告成了。于是剩下来的暑假，我就可以整天陪着芳芳玩儿了。我心里想得美滋滋的，然而不到 10天，就接到出差去横店采访的任务。我知道横店有个电影城，带芳芳一起去应该是件美差事。于是我找负责人谈了这个想法，他满口答应。芳芳就和我们一路同行了。

　　那天天气很热，我们戴着遮阳帽出发了。坐了三个多小时的汽车，顺利到达横店。横店有个大名鼎鼎的企业家徐老总，他老早嘱咐部下安排好了我们入住的宾馆。这家宾馆没有电梯，从三楼走上去时，我们遇见了不少影视演员。也许来横店拍戏的，全住在这家宾馆吧！那个胖胖的上了年纪的女人好面熟，原来就是扮演容嬷嬷的演员；还有那个年轻漂亮的女孩，芳芳一眼就认出了她是蒋勤勤。

徐老总设宴招待我们一行七八个人，但我们坐下来时才发现只有他的秘书而他本人还没有到。毕竟是个大企业家，总有千头万绪的事情操劳。于是，大家坐在饭桌前等着。带队的负责人告诉我："这次采访，主要是为企业家写报告文学。至于写谁，要等明天会议上分派。"我说："好啊，没关系。分派我写谁都可以。"

徐老总终于来了。他看上去很亲切、和蔼。芳芳后来就这一次晚餐写了一篇文章（后来发表于《工人日报》），让我大为惊讶。我发现这孩子有自己的独立思考，什么事情也逃不过她的眼睛。这将是一个比我厉害的家伙，真是青出于蓝而胜于蓝啊！

横店的魅力

解芳

我一直想去横店。最简单的想法，是横店有比杭州宋城更气势恢弘的秦皇宫以及清明上河园等影视拍摄基地。畅游之余，再加上一点点的运气，没准会遇上喜欢的导演、艺人正里里外外忙着拍戏呢！

暑假里终于有机会和妈妈去横店。因为妈妈一行人，是以采访的名义走进横店的，所以，我很意外地有机会，从另一个角度感受横店的魅力。

经过三个多小时汽车的跋涉，我们到了横店。在横店影视城宾馆里稍作休整之后，很快就到了晚宴时间。因为大人们有相关采访的事要谈，我只能像一个多余的人，自己招呼自己了。其实，我并不喜欢这样热闹却不属于我的场合。虽然坐在大家中间，但却像消失一般沉默。

"来来来，这位就是徐老总，横店集团的总裁。横店能从一个乡村发展到这样一个城镇全靠他啊……"组织这次采访活动的负责人介绍说。于是感慨、赞叹的声音，问好、敬酒的声音活跃起来。我对企业、经济这类的事向来不懂，也毫无兴趣，只听人说徐文荣总裁确实了不起，是一个真正的农民企业家。

"来，我敬大家一杯，预祝你们工作成功。"一位老人，举着酒杯，带着温和的笑脸。他就是徐文荣？我觉得好奇。因为他根本不像一个农民，而且还充满城里人都少有的那种大度、宽广的气质。

"认识一下，这位是省作协的某某，这位是……"组织者开始一一介绍，轮到我的时候很自然地就跳开了。我仿佛不是一个存在者。活生生的一个人，只当是个空洞。然而我想我毕竟不是什么工作人员，也不是什么学有成就的人，而只不过是一个学生，他跳开也在情理之中。

"这位呢？"徐老总指着我的方向问。"问我吗？"我有些惊讶。错过一个 17 岁孩子的介绍，一个总裁没有理由再回头认识啊！我一下子竟然说不出话来。

　　"我的女儿，九月就上浙大读书了。"妈妈帮我回答。

　　"哦，浙江大学好啊，恭喜恭喜。"徐老总很高兴地和我碰杯。然后没坐多久，他便匆匆离去。听人说，这样的企业家都是诸事亲历亲为的大忙人，是没有休假时间的。

　　来横店时间并不长，除了聆听影视城跳动着的时尚脉搏，我更感受到了横店人走在世界前面的人格魅力：平等地对待每一个人，无论他是谁，都可以得到公平的待遇。

　　很多时候，我们做不到平等待人。即使在待遇的获得上，也并非希望平等。有权有势的人，希望得到高于平常人的待遇以彰显自己的地位。而只有普通人，那些地位低下的人才愤愤不平地呼吁公平待遇。然而，徐文荣却像一个特例。他身为集团总裁，却可以顾及每一个人的感受，甚至对一个毫不相干的孩子，他同样付出真诚的笑脸。我想这种人格的魅力，正是使横店集团获得成功的关键吧！或许这更是一个人真正成功、迈向大事业的关键。

从横店回来，我即着手写报告文学《横店好乐多——记横店集团好乐多有限公司总经理×××》。这样我就又不能全心全意地陪芳芳玩儿了，这让我心生内疚。我总有写不完的东西，看不完的书。为了弥补我的"食言"，我决定带她去拍一套写真集。

到了摄影楼后，服务员拿出样本由我们选。我们选了最便宜的一套，但也要六百多元。不过能给芳芳告别中学时代留个纪念，也是一件非常快乐美好的事。一会儿，化妆师给芳芳淡妆了一下，又给她的短发添上了两根长长的辫子，还拿出来一堆衣服由我们选。我们选了一条浅湖蓝连衣裙，脚上配着方口布鞋，一副 20 世纪初的学生模样打扮，很是漂亮。

摄影师横拍竖拍后，又让芳芳换衣服。这回穿上了白色短袖，外加一套灰色背心套装裙，还系上了一支红色领带，像个合唱队员似的，看上去很精神，很有现代味。又拍了几张后，我觉得再也挑选不出适合芳芳穿的漂亮衣服了。于是干脆就让她穿自己的深蓝花汗衫，头上包上一条同样颜色的头巾，再架上一副太阳镜，显得前卫时髦一些。结果拍出来的效果相当不错，大有明星味道，让芳芳非常满意。

等全部拍完，已花了整整一个下午。走出摄影楼，正是人们的下班时间，黄昏的街头车水马龙，热闹极了。我们找了一家小店准备吃晚饭，芳芳说："我们点便宜一些的菜吧。"她知道拍写真集花了六百多元钱，就想从吃饭上省回一些。其实这小店的东西非常便宜，三菜一汤才四十多元钱，我们也吃得相当合胃。

芳芳确实是个比较懂事的孩子。在她很小的时候，我就有意识地教她要懂得自身的价值、懂得对自己负责、懂得尊重他人、懂得人要有高尚的情操。我不是说教，我知道说教孩子是听不进去的。我注意在陪伴她的点点滴滴中给予她引导，在具体的事情中让她得到启发。

18. 渴望远行

远行，对一个有理想的青年人来说是必需的。我也希望孩子自己高高地飞，在飞翔中获得人生的价值和快乐！

九月初，芳芳作为新生到浙江大学报到的那天，我的报告文学完成了，写夏威夷的那部长篇小说也出版了。我想这一回应该可以休息一阵，多陪陪我的芳芳了。因为在本市上大学，就用不着像外地新生那样大箱小箱许多行李，带一些日常生活用品足矣。若不够用，骑上二十多分钟自行车就可回家来取。

我陪芳芳一起去报到，没想到新生报到那么忙，领课本、拿寝室钥匙等一些事儿全要排长队。于是我们作了分工，我去排队领课本。厚厚的一大叠课本还真重呢！好在我有自行车，放在车兜里省了不少力气。一切入学手续办理妥当后，我就和她去寝室。这是一栋新盖的学生公寓楼，四个人一间房，设施比较完善，条件相当不错。学校还给学生发了一盖一垫两件被子，这对外地学生来说可省去了自己带铺盖的麻烦，着实轻松不少。

我和芳芳把她的寝室空间打扮得漂漂亮亮，床头贴上她喜欢的画儿。然后，我们又一起去买了一辆自行车。毕竟从寝室到教室有一段路，况且芳芳有时会回家来。一切料理停当后，我骑上自行车回家，芳芳就开始她的独立生活了。而我再不用每天神经绷紧早早起床给她做早餐，完全可以放松地睡懒觉了。

大学生活毕竟和中学不一样，一切靠自己抓紧和用心。开始几天芳芳老是打电话回来，让我给她送这送那的。我给她送去一台老旧的 IBM 笔记本电脑，虽然功能不齐全，但能打字，能拨号上网，凑合着用应该没问题。接着她要买一部手机，我满口答应。2001 年手机刚开始有短信功能，有手机的确比较方便。于是，一个星期天我就和她去专卖店，买了一部诺基亚手机。这样她有事情找我不必再打电话，发一条短信就可以了。

未进大学前，芳芳从没有离开过家。比起那些高中或更早就住校的同学，可以说她是一个比较依赖家庭的人。正因为如此，她对住在家之外的地方，有一种惶恐，担心离开自己熟悉的气味，夜晚将会变得漫长。搬进学校寝室的第一个晚上，睡在板床上的她并不安稳踏实。因此在最开始的一个多月里，校园和家总是十分紧密地连在一起。除了我给她送去，有时她会想起再从家里带些什么，譬如衣服、零食，而书更是一叠叠往寝室搬，也不考虑哪一天能看完。星期天回家，除了睡觉、吃零食，就是看电视，家里仿佛不再是一个可以静心学习的地方了。我对她说："大学生需要自觉，你必须努力才行。"我一开口，她就嫌我烦。

又过了一个星期，她的新自行车被偷走了。我只好去车行，再给她买了一辆。星期天她回家来时，我对她说："你要管好自己的东西，不要乱停车。没必要的东西不要乱买，要学会节约。你懂不懂生活的不易？"我这样数落她，不知不觉她就与我有了一些隔阂。

一天，她拿了《秋日·流年》和《渴望远行》这两篇散文给我看。《渴望远行》中，有这样一段话：

> 我在设想，假如我走出这个城市，外面的空气是否会更新鲜？尽管开始的那一小段时间会比较困难，但没有什么不可以坚持下来。在新的城市里，我会有一种新的生活。或许可以尽情地满怀期望地与同伴转遍整个城市，不用因为熟悉而没有新鲜的感觉；或许可以更期待家里的电话，亲情似乎会因为不可触及的距离而充满暖意，更多的体谅会取代对独立不够的责备；而我或许也会变得更加善于理财，因为这样我就不能在周末的时候回家赚点便宜，自己要精打细算，

128

要变得节俭，甚至吝啬；或许也会变得更加老练，因为要想有份实践的工作，就必须靠自己去争取。当然会有失败，也会沉淀一些挫败的感觉。也许还有更多的也许，这是我渴望远行的理由。真的期待远行吗？我真的不明白自己心底积压着多少矛盾，不明白内心和行为如何真正统一。可我还是期待着远行，我想终有一天，我会远行。

"渴望远行"，这几个字一下就抓住了我的眼球。小家伙内心有一种远行的想法，这并没让我感到意外。远行，对一个有理想的青年人来说是必需的。我也希望孩子自己高高地飞，在飞翔中获得人生的价值和快乐！

这年深秋，芳芳的学校有了校园网，但那台老旧的IBM 笔记本电脑不能上网通，因此买一台新的电脑势在必行。应该说给芳芳买学习用品，我从来不吝啬。那天我和她一起去了电脑市场，挑选了一台方正台式电脑。虽然价格有些贵，但女儿能拥有一台自己满意的电脑，我心里也非常高兴。因为随着电脑的普及，学生许多功课将会在电脑上完成。一台好电脑，也就等于是他们的得力助手。

同寝室四个女孩中，芳芳是第一个拥有自己的电脑的。这让她有一种虚荣和自豪感。这时，经作家方方推

荐，我接受写一部莫干山老别墅的书。
从初秋到寒冬腊月，我都在为写此书作
准备工作。这是一部有关历史名人、建
筑和莫干山的书，要把那些名人住过的
别墅，一栋栋不出差错地对上号，并不
是一件容易事。除了去莫干山看老别
墅，对老别墅有一个比较系统的印象和
感觉，还要采访山上的老人和做笔记。
然而要把一栋栋别墅的曾经的主人和历
史背景写出来，山上有限的资料远远不
够。于是我跑到图书馆，像大海捞针一
样寻找各种有用的线索和资料，每次都搞得头昏脑涨，眼
睛发黑。

　　我自顾忙着，无暇搭理芳芳。还真是距离产生美，有
半个多月没回来的芳芳，一到家就显得格外温顺、热情。
那时正是期末，我们又像从前那样背对背地做功课。我们
读的都是中文专业，所以有不少可以相互探讨的东西。譬
如从古典文学到现当代文学，从中国文学到西方文学，再
从文学到学术研究，我们要学习的东西，以及可以走的研
究道路真是无比宽广。在文学和学术的海洋里，我们都感
到了自身的不足，只有更加努力去做。

　　大学的第一个寒假来临了。我觉得这正是芳芳看书写
作的好时光。我对她说："你可以利用寒假写一个短篇小

说。"她说："哦，我试试吧！"于是那台老旧的 IBM 笔记本电脑又派上用场了。大概半个来月，一篇短篇小说诞生了。这就是她的第一篇小说《沃弗》，后来发表于《广州文艺》2003 年 1 月号。为了鼓励她，我写了一篇简评《初涉小说，身手不凡》来阐述和分析她的小说。我的看法得到了她的认同。于是，我们的共同话题愈加多了起来。

春节后不久，芳芳开学了。她一去学校，我就抓紧时间写《到莫干山看老别墅》这本书。由于是随笔形式，不到两个月我就完成了全书的 15 篇文章。四月正是春暖花开时节，完成了书稿，我感到一阵轻松，有事没事就往芳芳学校跑。那是我的母校啊！每到一处，我都感到特别亲切。中文系办公室还在原来的地方，所不同的是原来的老师都已不再年轻。

那阵子，芳芳同寝室的一个女生，即将自费去西班牙留学。这勾起了芳芳那个"远行"的渴望。但她要远行到哪里呢？她不知道，我也不知道。我告诉她要老老实实地打好四年大学这个往高处发展的基础，别看了这山望那山高，不管在世界的哪一个地方，都需要自己的勤奋、努力和才华。她自然明白我的意思，渐渐安下心来。

"五一"劳动节后，我开始了新一部长篇小说《夜上海》的写作。这是我老早就想写的一部书。因为我的祖辈在上海，我们家近几代真正的根在上海。芳芳说："你怎

么总写不完呢?"我说:"每次写新书，就是一次渴望远
行。"她说:"哦，灵魂的远行?"我说:"是啊，灵魂比
肉体更重要。"也许是受我的影响吧，芳芳渐渐地喜欢上
了文学和学术。书看多了，她也感觉到了在知识的海洋遨
游是一件非常美妙的事情。

19. 紫金港新校区

　　她上了汽车后，离家还两三站时再给我发短信，于是我带上一本书从家里出发去车站接她。有时堵车，我将一本薄薄的小书看完了她还没到。

　　大二上半学期，芳芳他们由市内的西溪校区，搬到了郊外的紫金港新校区。搬家那天真是热闹极了，到处都是行李，汽车排起了长龙。而新校区内到处泥泞不堪，脚手架高高竖起，许多地方还在施工。我们的汽车，像蜗牛那样在泥泞的路上慢慢地爬行。短短一段路，开了足有半个多小时。到了入住的公寓门口，我和芳芳轮流一趟趟往五楼搬行李。我们就像装卸工那样，卷着裤腿，扛着箱子，用尽了全身力气。那一个个箱子装的都是芳芳的书和碟片，沉重得让我双腿发软。

　　从上午一直忙到傍晚，终于安顿好一切，我又去看了离公寓不远的校内超市，里面有各种食品供应，这才放心地打道回府。毕竟离家远了，芳芳不能隔两天就往家跑，只能一周回家一次。然而有时她需要的东西在学校超市买不到，我就只好买了给她送过去。到紫金港新校区，虽然有公交车，但无论是从家里到车站，还是从学校到车站都要走上一站多路；即使上了车，车程还须一个多小时。所以去一趟紫金港新校区，来回需要费上大半天时间。

　　那天我给芳芳买好物品送过去，头晕目眩地坐在900路公交车上，直想呕吐。看来芳芳每周都要这么老远地来回跑，也实在是够辛苦的，况且从寝室到教室就是骑自行车也得花二十多分钟。我下了公交车步行到她寝室，足足走上了半个多小时。学校里外到处是工地，泥泞的道路走起来格外不是滋味。不过寝室和教学楼那一带，已初具规模，显现出一个名校的气派。然而偌大的校园，我还是望而生畏，没有花时间和力气去逛个遍。

　　由于芳芳每周才回家一次，我的时间变得充裕，长篇小说《夜上海》很快就完成了。一到周末，我就去买芳芳喜欢吃的菜，然后再到车站接她。芳芳总是黄昏的时候才回来，通常她上了汽车后，离家还两三站时再给我发短信，于是我带上一本书从家里出发去车站。有时堵车，我将一本薄薄的小书看完了她还没到。

　　汽车一到站，我就把脖子伸得长长的。不过总是她先看到我，老远老远就打起了招呼。这一刻我们仿佛久别重逢的老朋友，感到特别亲切。我提过她重重的书包，一边和她说起了话儿。回到家后，烧好的菜已凉了。不过没关系，芳芳肚子早饿了，吃得狼吞虎咽。

这学期芳芳除了中文专业的课，还辅修金融专业的学分。因为学中文，即使将来搞研究，有经济和金融方面的基础知识应该是很好的。两个专业的功课一忙，她就没有时间玩儿了。好在紫金港校区是一个可以让人安心读书的地方。这次回来芳芳告诉我，她参加了美国微软公司在浙江大学的培训课程，并获得美国微软计算机证书。她自豪地说："这可是用英文考试的，很少同学能拿到这证书呢！"我说："你不是中文专业么，怎么去考计算机了？"她说："我自己愿意呗！"我说："哦，你真聪明，如果让你读计算机专业应该也不错吧？"她说："那当然。"说实在的芳芳上大二时，我还真不知道她将来做什么行当。一切任其自然吧！

寒假来临时，我答应陪芳芳去北京玩。长这么大，她还没去过北京呢！于是我挑选了一家旅行社，参加来回5天的"双飞"旅游团。

下飞机后，只见北京冰天雪地，只感到彻骨的寒冷，我们的鼻子都冻得通红。导游安顿好住宿，便马不停蹄地带大家逛景山公园去了。天真是冷啊，我们穿着厚厚的羽绒服，但感觉就像穿着单衣，冻得直打哆嗦。傍晚时，我们到天安门广场看降国旗仪式。站了一会儿，就觉得脚趾头全冻僵了。不过这是我和芳芳第一次在天安门看降国旗仪式，心里满是激动和喜悦。

第二天一早，我们出发去长城。汽车一路驶去，沿途的世界银装素裹。比之江南，北方的雪厚实厚实的，仿佛过上半个月也不会化。这天到长城非常顺利，我一点儿也不晕车。想当年芳芳两岁时，我出差来北京和同伴去长城那会儿，一上汽车就晕车呕吐，下了汽车像生了一场大病，花了九牛二虎之力登长城，最终因体力不支未能登上八达岭。这是我当年的遗憾事。

我们的汽车到达长城后，导游要我们坐缆车上八达岭。这样当然省力，但少了自己的攀登那还有什么意义呢？我和芳芳商量后，决定徒步上去。这样我们就和其他旅游团成员，分成了两支队伍。我们这支队伍除了我们母女俩，还有两个美国留学生。她们和我们一起上路。雪后冰冻的地面很滑，确实需要勇气，但我们没有退缩，一路前行。上到半山腰时，风很大，我们手拉手，小心翼翼地前行。

"小心，勇敢一些。"我对芳芳说。

"知道的。你也小心。"

　　终于，我们艰难地登上了八达岭，与坐缆车上去的旅游团成员会师了，大家都很高兴。一位老大爷好心地劝我们说："下去更难，你们还是坐缆车吧！"

　　我们几个都摇摇头。尽管寒风把我们的面颊刮得通红，但当我们的双手紧紧抓住长城上的石壁前行时，那一刻心里想的全是"抓住"二字。我们仿佛把中国的几千年文明紧紧地抓在手里了。

　　在八达岭上，我和芳芳合了影。不到长城非好汉。那一刻我们就是英雄好汉。回到宾馆，我们依然满怀豪情，内心似乎有无限的力量。

　　春节后，芳芳回到紫金港新校区上学去了。趁这个当儿，我开始装修房子。早就知道装修是件辛苦事，但家已到破旧得不能不装修的地步了。于是我下了很大决心，在毫无经验又要省钱的情况下，选择了包工不包料。也就是说从装潢设计，到买每一样材料，都由我自己来做。开始并没有觉得难，但到了木工进场，问题就来了。细木工板、红胡桃面板，还有各种五金材料以及零零碎碎的东西，差不多每天我都必须跑市场和商店。货比三家，的确能买到既便宜又质量好的材料。然而好的材料，还要好的师傅按照你自己精心设计的方案来操作，才不会留下遗憾。

　　装修期间，芳芳很少回家。偶尔回来了，就和我住在外面临时租住的小屋里。她告诉我有男生喜欢她。其实她读中学时，我就知道有男生喜欢她了。品尝初恋，实在是一种珍贵的经历。那阵子我因为忙装修，也没有多打听她在学校的事。

　　到了三月中旬，因为"非典"，学校规定学生不能外出，芳芳到了周末也没有回家来。她不回来，我一心一意忙装修，效率还真高。装修是一门艺术。简洁、大方、清爽，是我追求的家居风格。我把衣橱和书橱都做成顶天立地的固定架式，还做了一些吊柜，以节约空间，甚至把阳台也改做成了房间。对于卫生间、厨房，因为觉得这两个地方不容易干净，就更加注意装修的典雅与清爽。我的客厅不算小，能放下五件套的组合大沙发，还有钢琴、电视机、音响什么的，我还来了个"深挖洞"，把一堵墙改造成了装饰柜。晚上各种不同的灯亮起，整个客厅就显得流光溢彩了。

　　有一天我正欣赏着已装修一新的家，芳芳突然来电话："我被系里推荐去香港做交换生了，有四个学校由我挑选，你说我选哪一个？"这突如其来的机会，似乎是一种应验——她一直就渴望远行啊！我想了一下说："那就香港岭南大学吧！"她说："为什么不是香港中文大学？"我说："没有为什么，我只是觉得岭南大学比较适合交换生。如果你想去中文大学，那么就去中文大学吧。"她说：
"哦，那我想一想。"然而填表那天，她毫不犹豫地填了香
港岭南大学。我知道女儿对我是绝对信任的。其实，我并
不知道这两所大学对交换生来说究竟有什么区别。

20. 去上海

　　　　第一次离开杭州独自在外地待那么久，我的
　　　　小芳芳真的长大了。我仿佛看见她插上了羽翼，
　　　　即将腾飞了。

　　装修一结束，我就迫不及待地搬回家来了。尽管还有
油漆气味，但毕竟在自己家里方便。望着这个自己亲手操
持起来的家，我的内心充满成就感。原来一个人的潜力是
无穷的，只要愿意挖掘，自己就是矿井。

　　大二学年结束后，芳芳他们又要从紫金港新校区搬回
西溪校区了。原来紫金港新校区还没有完全建设好，那里
只能容纳大一、大二的学生，大三、大四学生必须回西溪
校区完成学业。搬家是件累人的事，女生寝室到处都是东
西，显得乱极了。我们找了一辆面包车，满满地装了一车
东西回到西溪校区。安顿好行李后，学生就放暑假了。

这个暑假我一方面给芳芳准备赴香港岭南大学的行李，另一方面着手安排她去上海新东方学校上托福班。在去上海的火车上，芳芳告诉我大一大二她都拿到了奖学金，还被评为"三好学生"，并且同时拿到了四级和六级英语证书。

我父亲在上海淮海中路上的石库门弄堂里还有老房子，只是一直出租着。我送芳芳到住在上海复旦大学教师宿舍的亲戚家后，再陪她去上课地点探路。路真远啊，从复旦大学到徐家汇新东方的授课处，简直就是横穿了大半个上海。我们走路，坐轻轨，换地铁，再走路，最后才到达目的地。盘算了一下，最快也得一个多小时。也就是说，芳芳每天用在来回路上的时间，需要 3 个小时左右。暑期的上海和杭州一样炎热，芳芳这么来回跑，不免让我心疼。

第二天我就回家了，芳芳在亲戚家住下。亲戚是一对年迈的退休教授，我的伯父伯母。这是芳芳第一次独自在上海亲戚家住，并将在上海早出晚归一个月。一般来说，上完新东方后，孩子就可以知道一些考托福的门道了。

我不陪芳芳在上海亲戚家住，是为了让她在去香港前，锻炼一下独立生活的能力。当然我时常会给她手机短信，关照她一些什么。从上海回来，我盘点着上半年出版的 4 本书，虽然是不同年份写的，但差不多是一起出版的，仿佛这一年剩下来的时间都可以休息了。于是我打算给自己充电补课，不再写作了。我想得美滋滋的，觉得要开始保养自己的身体了。这些年我每写一部作品，都会发几次高烧，这说明我的抵抗力已大不如从前了。

可是不写作的日子，我的精神依然不能放松，因为内心总是在思考些什么。芳芳在上海，我一个人在家里看书、听音乐，整天过着慵懒的生活，连饭也不高兴做。当然带着研究性质的阅读，一天下来也很累。读完了那一堆书，我忍不住又开始写作了。只是不再是小说、随笔，而是给作家朋友写印象记，或者给他们的作品写评论。我发现我的生命就像一团燃烧着的火球，只有燃烧才会感到痛快。那天我刚写完一篇书评，就接到芳芳的手机短信："晚上我要回家来了。"

时间过得真快呵，眨眼芳芳在上海生活一个多月了。一个多月没见到她了，真是想念得紧。晚上八点多，我来到火车站，早早地买了站台票进到月台上。每一趟火车进站，我都把脖子伸得老长。终于，我盼来了芳芳乘坐的列车。在8号车厢，我接到了她。第一次离开杭州独自在外地待那么久，我的小芳芳真的长大了。我仿佛看见她插上了羽翼，即将腾飞了。

还有一个月，芳芳就要去香港岭南大学读书了。她已办好一切出发的签证手续，我也给她准备好了行李，并且订好了来回机票。然而就在这当儿，芳芳去医院看病被误诊了。如果不是我坚持不开刀，差一点就挨错刀了。那个坐专家门诊的中年女医生，数落我道："你怎么带孩子的？怎么不早带她来看病？现在她那个肿块那么大，要马上住院开刀。"我说："这太突然了。她年龄还小，我不能马上让她住院做手术。"女医生说："住院开刀是最好的治疗，不开刀是不行的。"我说："我们不要住院，也不要开刀。"女医生说："我没见过你这样的母亲，你不让她住院开刀，一切后果自负。"我说："你放心吧，我没叫你负责。"我说着就把她开的住院单撕了，然后拉着芳芳走出专家门诊室。

芳芳大为惊讶，也十分害怕。她说："那我们怎么办呢？"我说："你别怕，我们慢慢再检查，多检查几次，最后再做定夺是否开刀。我们不能听这医生的。你还小，开刀必须慎重。"芳芳说："不是有肿块吗？"我说："生命是在流动的，人体内有时气血淤结了，手摸上去和 X 光拍出来都会感到是肿块。"芳芳说："你又不是医生，乱说。"我说："我从小在医院长大，也可算半个医生吧！"

第二天一早，我陪芳芳去抽了血。回到家，我让她卧床，她就很乖地躺在床上休息。我一空下来，她就抓住我的手让我陪她，我知道她很紧张也很害怕。我说："你好好休息，别怕，一定没问题的。我们下个星期再去做 B

超。"芳芳说："医生不是说要下个月再做 B 超吗?"我说："我们多做两个 B 超，比较一下，也许下次去做肿块就小了呢!"

"真的吗?"

"当然真的。"我自信地说。

其实，我这是安慰芳芳。我的担心无与伦比。我度日如年，焦急而耐心地等待芳芳的验血化验单出来，内心直期盼她平安无事。

拿化验单那天，我和芳芳一起去医院，走到化验室门口，我的心跳得非常厉害。结果，化验单还没有出来，还需要在门口等。终于有化验员拿着化验单喊："解芳。"我说："哎，来了。"

接化验单的那一刻，我的魂都飞出来了，紧张得双手直颤抖……我鼓起勇气，定睛一看：阴性。

顿时，我冲坐在凳子上愁着脸的芳芳直喊："囡囡，化验单好的，你可放心啦!"

"真的。"芳芳脸上露出了笑容。她已经很多天愁眉不展了。

"我们现在马上去做个 B 超。"我说。

"好吧!"芳芳显得轻松多了。

我之所以马上让芳芳做 B 超，是想看看这肿块小了没有。如果缩小了，那么就继续让芳芳卧床休息，等到开学时，也许肿块就完全消失了。

芳芳做完 B 超，已近黄昏。虽然肿块依然在，但和上次做的对比后，明显小了不少。这证明我的判断是正确的。

八月底，我又带芳芳去医院做 B 超。自从认定我的判断正确后，我已不再挂专家门诊了。普通门诊医生给你开一张 B 超单，基本不用排队。等待做 B 超时，我跟芳芳说："相信我吧，待一会儿做出来那肿块一定没有了。"芳芳说："你像女巫似的，如果你说得不准呢，那我怎么办？"

"不会不准的。"我自信地说。

一会儿，轮到芳芳做 B 超了。她已经喝了几大瓶水，做 B 超不成问题。大约五六分钟，B 超做完了。B 超单出来后，果然发现那个肿块已经消失了。但我还是不放心，拿着 B 超单去问做 B 超的医生，她说："已经没有肿块了。"接着我又问了普通门诊医生，她也说：没有肿块了。我说："真的吗？"她以为我不相信那个做 B 超的医生，说："这是医院里最好的 B 超医生做的呢！"我这才彻底放心了。

于是我们漫步在海边
大海在我的身体里下雨
——顾艳《四月的夏威夷》

21. 在香港读书的日子里

> 我十分欣慰芳芳通过在香港的学习，打开了自己的视野，并对人、对存在、对生命、对社会有了新的更多的思考。

我的判断完全正确，这让芳芳大大地增强了对我的信任感。她奇怪地问："怎么你比医生还有经验呢？"我说："不是我有经验，而是现在不少医生太依赖高科技。凡有肿块就马上让病人开刀，开刀最省事了。其实身体内的血液是循环流动的，有一肿块你不去碰它，慢慢地它也许就自动消失了。即使肿块不消失，只要没有低烧，胃口好，吃得下饭，没有什么不适的症状就让它去吧。"我这样和芳芳说。当然，这仅是我的一家之言。

虚惊一场后，我们感到浑身轻松。8月31日，芳芳出发的日子来临了。我们一早坐民航班车到达机场，办完行李托运，芳芳就通过安检进候机厅去了。她并没有怎么依依不舍，仿佛去上海一样，和我挥挥手，便开开心心地进去了。我直到看不见她的影子，才转身回家。

等回到家里，我才想起来，怎么就忘记给她准备棉被和床毯了？香港岭南大学总不会像浙江大学那样，连铺盖也给发吧？我讨厌自己的粗心大意，担心女儿到了香港人生地不熟的，如何去买这些东西！本来家里那条鸭绒被用空气泵压缩后，完全能装进行李箱的。只是我的担心已经没有用，只能随她去了。

家里的电话每每响起来，我都以为是芳芳打来的。在期待中时间过得特别慢，那种孩子第一次出远门的焦虑，还是让我按捺不住地给香港岭南大学有关部门打了电话。当然，他们只知道已经接到了大陆来的学生，具体安排住哪里并不十分清楚。不过有这一平安到达的消息，我就放心了。

黄昏时分，芳芳终于来电话。她说："中午学校派人来机场接我们，现在已经安排好了住宿。我与香港的一个女生住一间房，非常好。下午香港同学陪我买了手机卡，还买了被子和床毯。这里食堂吃一顿饭，要三十多元钱，太贵了。香港女生都自己烧，我也要自己烧着吃。"我说："好啊！那你就慢慢学着烧饭吧！"

第一次到香港的芳芳，很快安顿好了自己，而我的担心倒成了多余。我突然发现芳芳几乎天生有比较快的适应能力，这让我欣喜。第二天，芳芳就上课了。老师不讲普通话，全用英语和粤语。英语能听懂，可是粤语她一句也听不懂。一堂课下来，她常常丈二和尚摸不着头脑，怎么办呢？芳芳毕竟是聪明的，也敢于维护自己的权益。那天她电话里告诉我："嗨，第一堂课老师用粤语，我一句也没听懂；第二堂课我就要求老师讲完一句粤语，用普通话或英语再讲一遍。"我夸她说："你真能干。"她说："这是老师应该做的。"我说："入乡随俗，你也应该学学粤语。"她说："嗯，我会学的。"

香港岭南大学的学生公寓里没有电话，如果芳芳手机关了我就找不到她了。她也没带电脑去香港，上网什么的有时去学校图书馆，有时就借用同屋女生的台式电脑。同屋女生是香港人，每个周末都回家，电脑就借给芳芳用了。所以没有什么急事，一般不打电话，只在 MSN 上对话或留言。

大概一个星期后，芳芳忽然打来电话说："哈哈，我太运气了。"我说："什么运气？"她说："学校不要我们的学费、住宿费，还给我们每月发一千港币呢！其他三个学校的交换生，都没有这样好的待遇，他们全要自费。"我说："啊，出发前还说要自费，怎么就改变了呢？"她说："在杭州大家不知道的，只有到了香港的大学才知道。"我说："哦，那我们选择岭南大学完全是碰上运气了。"她说："是啊，一千港币一个月吃饭足够了，还可以买些衣服。你给的钱，可以分文不动啦！"我说："这一进一出确实相差很多。说明我的感觉和判断，都还不错吧！"她说："嘿嘿，你又要臭美了。"岭南大学是香港8所院校中学生最少的一所，大约只有两千多人，所以学生拥有最充分的教学资源。我当时选择岭南大学仅仅是因为直觉上感到这样不错，没想到还有更好的在后头。

在香港岭南大学，芳芳得到了系主任刘绍铭教授的殷殷教导。刘教授还送给她一本自己的著作《香港因缘》。芳芳这一学期选了5门课，有中国古典文学、文学与文化研究等。中秋节那天，她用电邮传给我一组她写的古体诗词，有一首是这样的：

江城子

解芳

晓风不觉弄秋愁。偶相逢。动离忧。岁月悠悠，无处问杭州。别后中秋君莫问，香江秀，几多留。

碧水已越万重舟。菊花柔。月照楼。又是一周，时光似水流。醉后乡愁独寂寥，莫回头，梦中游。

我看后心里暗暗一笑，觉得她还是蛮有感觉的。于是回信给她一番鼓励，让她再多写几首。她在香港选的5门课中有3门是古典文学方面的，这说明她对古典文学相当有兴趣。这既源于我从小给她的古典文学的熏陶，也源于教他们古典诗词的教授，在古典文学尤其在唐宋诗词领域

152

有相当精深的造诣。他对学生非常热心，学生提出的每一个问题，他都能很仔细地解答。为此，芳芳感到了学习的动力和乐趣。

有一回，芳芳在电话里告诉我："香港岭南大学的本科教育，通常十几个学生会有一个导师作平时指导，主要是选课、学业方面的指导。一般香港的课程教学分为讲座和导修。讲座是教授讲课，导修则是同学们对于相关内容的自学成效的表现。相对来说一个导修报告需要占据学生很多时间和精力，促使学生在自己所作报告这个方面的知识上有更加透彻的理解。在刚开始学习时，我很不适应导修报告的形式，感觉那是一件比较困难的事情。可是慢慢地很多个报告一齐压向我，逼得我不得不大胆地在同学们面前作报告。因此从窘困到自如，别有一番滋味在心头……"

在电话或邮件中，芳芳每给我一些有关她的信息，我都能感受到她的感受，呼吸到她的呼吸，并为她高兴。然而我对她的真正认识，是从她写的一篇题为"沉默的另一面"的论文开始的。读了这篇论文，我忽然觉得女儿真的长大了。这一年她还不到 19 岁，但她已经能够思考一些比较深刻的问题：

在印巴分治这一历史事件中，很容易被政治家或者历史学家遗忘的是一部分弱势群体的遭遇。例如妇女、儿童和贱民。正是他们遭到了政治事件带来的最严重的伤害，并且他们所受到的损害不为外人所知，他们被掩盖在事件背后用沉默来试图遗忘。

我非常欣喜女儿的进步，并马上写信鼓励她继续努力。同时对她今后的路向，我的潜意识里已不再像从前那样无底，而是十分明确地意识到，对于芳芳来说，走学术研究之路是最理想的选择。我的内心踏实多了。她在浙大读的第二学位是金融专业，和她在电话里商量后，我到浙大有关部门将之改为辅修。毕竟人的精力有限，金融不是她将要选择的学术研究领域，所以只能忍痛割爱。其实拥有金融辅修结业证书，就已经很不错了。

在岭南大学读书期间，芳芳感受到了英式的学习氛围。岭南大学特别强调学生课题研究的纵深，课程教学上和内地课程大部分以概述介绍为主不同。芳芳很快就学会了对专门问题的研究以及撰写论文的方法。尽管横向上的知识没有掌握得那么广泛，但对问题的理解无疑更加深刻了。学习之余，芳芳经常参加学生社团活动。譬如，她和同学一起完成了一项关于老人生活的调查研究。那天她们到松青养老院去，那是一所私人兴办的养老院，规模不大，但设施齐全。在芳芳他们年轻人的感觉里，大部分生活在养老院的老人也许是被子女抛弃的。但从这所养老院，他们了解到老人都是自愿来的。这足以纠正他们以前的偏见。

我后来读到芳芳在一篇题为"养老院"的文章中说：

走出养老院的时候，我们知道生活在那里的老人

是幸福的，可是不知为什么，我始终没有豁然开朗的
感觉。那些老人静静地坐着，在我看来他们的目光却
是那么漠然。他们看电视，可是工作人员告诉我，其
实他们很多都已经耳聋听不见。我走到后面看到那些
排在一起的床上躺着一些老人，他们睁着眼睛望天花
板，目光呆滞。这一些景象都是让我们年轻人无法接
受的。或许正是因为自己不愿意过这样的生活，才觉
得过这样生活的老人必然是不幸福的。然而，我们可
以拿自己的感受去定义老人的感受吗？显然不能。可
是很多时候我们在探讨老人问题时，就是用自己的感
受来给老人提供标准。也许当我们真正衰老的时候，
我们才会了解现在老人的心态。到那个时候，我们就
会质疑年轻时候的想法了。我想，用一颗年轻的心去
思考老人的问题，始终都是沉重的。可是究竟应该探
索一条怎样的道路去关心身边的老人呢？我们应该尝
试着以他们的角度，来思考他们的快乐与忧伤。

我十分欣慰芳芳通过在香港的学习，打开了自己的视
野，并对人、对存在、对生命、对社会有了新的更多的
思考。

22. 香港游学记趣

　　有一次在图书馆，看到母亲的书，便借了来。随手翻阅，才觉得母亲离我不远，觉得充实，有了暖意。也许对我来说，母亲就是一个家。好像漂流在外的游子，要寻找根的感觉。我想我的根，就扎在母亲无私的爱里。（解芳）

　　芳芳在香港的学习很快就结束了，5 门课全得了 A。回来不久，她写了一篇随笔《香港游学记趣》。无论我怎么转述她在香港的感受，都没有她自己写的到位。因此，这一章就让她自己来说说她在香港的趣事吧！

一

　　我同晓静去香港，在当地的岭南大学做交换生。有一天，她说要到外面逛逛，叫我一块儿去。我先是不愿意，怕没有在杭州时来得坦然。她又说："不能成天只在附近转，总归要出去的。"我想这倒是必然，所以就陪着去了。

学校北门外有一处公车集散地。里面停着几辆黄色巴士。司机大佬穿着一件泛黄的白汗衫，看上去四十多岁。一边啜茶，一边倚在车门等人上车。双层巴士的站牌立在外面，写着从屯门到旺角要十块七毛港币。底下已经有人三三两两地排成一行。看报纸、看广告牌，秩序井然。

晓静和我搭一辆红色双层巴士去旺角。旺角在九龙半岛，是香港最热闹的地方。商铺林立，令人目不暇给，有一种喧嚣嘈杂、物欲横流的感觉。巴士停在新世纪广场附近，我们便进去。里面又是店铺，密密麻麻的连在一起。晶莹剔透的日本糖果，热情浓郁的法式香水。四下张看，耀眼的灯光下人影相随，不禁晕眩。路上，我抓着晓静的手，生怕走散。她在一间超市里买了一听蔬菜牛肉意粉，说可以涂在面包上，也可以兑了水做汤喝。末了，她又说："走吧，到别家逛逛。"

在莎莎香水店，我拣着一些迷你瓶子装的香水。每个十几二十块，很便宜，还很漂亮。晓静顾自走开，拎着乳白色半透明的塑料袋去看高档货。突然"嘭"的一声，晓静很窘地朝我招了招手。我还不懂是怎么回事，以为她打破了店里的玻璃瓶子，心想必定要赔钱了。她立在那里不知所措，低声解释："那塑料袋，不知怎么的，自己漏了底。蔬菜牛肉意粉也砸烂了。"晓静的裤腿上沾着几片污渍，油腻腻的。卖香水的小姐倒是热心，把自家店里的塑料袋往晓静手里一塞，又三两下把青瓷地砖整理干净。

我们只好出去。晓静定了定神，想到白白丢了几块钱，竟怨怨起来。我安慰她："实在懊恼，就去刚才那间超市，找店长谈谈。总归是袋子的缘故。"她连忙说："不要去。听起来好像闹事。自己手上打烂的，要得到补偿么？"

我说我陪着去。她便露出勇敢的神气，对门口迎人的小姐说："我要找店长。"一个穿白衬衫、打领带的男士走来。架着玳瑁边眼镜，额头油亮，发梢搽了摩丝，仿佛一个豁达的人。他和旁边穿制服的小姐咕哝了几声，便毕恭毕敬地递上一听蔬菜牛肉意粉，说道："抱歉，添麻烦了。"

事情竟这么戏剧化起来，倒显得我们滑稽。之前还想，若是遇上锱铢必较的店家，怕要赖账吵架了，便要拉下脸说话。谁料店家和颜悦色，反而让人心乱一通，好像自己做错事一样。晓静觉得不好意思，嘀咕了一句，"以后一定再光顾"。

现在想来，算作好事一桩。到底证明了香港人是好的，还很会做生意。

　　隔天，晓静去旺角邮局，又叫我一块儿去。办完事便逛到顶有名的女人街。街口竖着一块白底蓝条的牌子，写着"通菜街"。两边摆着许多露天摊子，还挤着许多人。往上一看，有各式招牌，比如"泽记茶餐厅"、"跌打按摩"。旧的剥了皮，锈迹斑斑，还绕着晦涩的霓虹灯。女人街里卖的是廉价东西。摩登的玻璃首饰，挂亮片的玲珑手袋，和俏皮的汗衫、裙子。倒让人想起，早些年杭州有一处叫新生路的露天市场。

　　"还是贵。"晓静拣了一串项链，讨价还价。回头用杭州话和我嘟囔了一句。她打听了来，女人街的东西常是从广东、福建进的，价钱却贵很多。我劝她，至少买些杭州难得见的稀罕物。她便作罢了。我想，这大抵是内地人把女人街当作一处观光场所的缘故吧。

二

　　在香港，中秋节照例要放假。算上周末，一共四天。我还是第一次在外面过中秋节。以往这个时候并没有多少排场，至多和家里人吃个团圆饭。有时竟也记不得，看见路上卖月饼的广告牌多起来，才想到要过节。

　　中秋节那天，其他人陆续离开学校。从前那座宿舍楼里充满了喧哗，休息室开着电视，厨房间堆了油腻腻的碗碟，好像有一种狂欢的气氛。现在突然安静下来，连外面看门的老头也闭上眼打盹。下午，和我一个屋的佩仪也回家去了。我闲在那里，单只看了些诗词稿子。中国古代的文人，到底风雅。便想索性附庸一回，作起词来，词牌用"江城子"。

作完后，沉吟片刻，心底莫名地涌起一股惆怅与虚无。再斟酌删改，愈发觉得酸涩，果真是"每逢佳节倍思亲"。白日里生活忙碌，无暇思虑。此时，形单影只，便自然而然地想起母亲。母亲常教我独立，教我有一颗强大的心灵，如此可以面对许多寂寞、无奈的事。我懒于交际，喜欢陋室里的孤独。这点倒好像母亲遗传。不过，母亲比我坚韧得多。她一个人支撑世界，爱我，教我写作的本领，给我弹钢琴的修养，使我有一种归属感，平心静气地面对纷繁杂芜。

在岭南大学生活数日后，已颇为熟悉。岭南大学在屯门。从港岛、新界回来，要路过青马大桥。每次远眺青马大桥，便有一种心急如焚、仿佛回家的感觉。那时候在想回家的感觉，岂不是很好的事么？然而走进房间，那些摆设陌生起来，心里又空落落的。有一次在图书馆，看到母亲的书，便借了来。随手翻阅，才觉得母亲离我不远，觉得充实，有了暖意。也许对我来说，母亲就是一个家。好像漂流在外的游子，要寻找根的感觉。我想我的根，就扎在母亲无私的爱里。

晚上，一个叫阿Kay的男孩来找我。他没有回家，便邀我一块儿吃饭。我又叫上晓静，去屯门中心的小饭店。途中，路过一个公园，里面正在放花灯。俏皮的猴子，粉红的莲花，各种式样，很是热闹。还有一个穿着蓬蓬裙的小姑娘，约摸五六岁，拎着一盏灯笼，在草地里转来转去。父母很幸福地站在远处，挥动荧光棒，沉醉在月色皎洁的夜幕中。

"看！"阿Kay指着天上的月亮。月亮像玉盘似的晶莹剔透，旁边还有一颗金闪闪的星星。"这可不是北极星。是火星！"新闻里说现在是火星离地球最近的时候，所以可以看见。

晓静说，以前以为离开家是一件很正常的事，不值一提。现在却不得不承认脆弱。我想也是。没离家前已经想家了，更何况离了家，便愈发地想念母亲了。

三

到大学来，便要知道一些相干的事。仿佛对人，了解愈多，愈感到亲切。岭南大学最早由美国人在广州创办，距今已有百来年的历史。战时迁至香港，后来又迁回原址。现在，广州的中山大学底下有一个岭南学院，而香港的屯门也有一所岭南大学。两者同出

一源，倒又彼此独立。我去的，便是位于香港屯门的
岭南大学。

　　我住的地方在半山坡，底下有一条碎石铺的长
廊。落雨的时候，雨水顺着廊檐掉下来，淅淅沥沥，
惬意而幽静。再远望过去是一抹斜躺的草地，旁边有
几株小树，虽是入了秋，仍旧苍翠欲滴，摇曳生姿。

　　在岭南，我有一个叫小虎的猫伴儿。它体态丰
硕，毛色纯白，眼睛是半透明的棕黄。它是一只顶聪
明的猫。白日里蜷在长廊的矮栏底下，眯着眼打瞌
睡，偶尔伸个懒腰，"喵喵"地叫唤几声。有时候，
它立在水泥路上，东张西望。看见人过来，也不逃
跑，倒把眼睛瞪得浑圆。等到晚上，小虎便没了踪
影。我常拿些碎饼干给它。它跟我坐在台阶上，一会
儿舔手心，一会儿又发出咕噜咕噜的声音，好像在喁
喁细语。有一次，它趴在我的腿上，竟睡着了。校园
里还有别的猫，常常旁若无人地在教学楼底下徜徉。
电梯门开了，便停下来张看几眼，似乎考虑乘坐一下
似的。它们比小虎瘦得多，大抵是因为鲜少有人带着
猫食儿上课。

　　岭南人爱猫是出了名的。佩仪说，他们曾搞过一
个游行，专是为了让猫们在校园里安家，不被驱逐、
流浪。这让我感动了很长一阵。回到杭州，我读了
《寂寞的春天》，里面全是批判人类行为与环境相抵触

的话。书是一个美国人写的，算得上科普类读物，早在四十多年前就出版，不过传到中国才是近几年的事。这些话到底犀利，"犹如旷野里的一声呐喊"，一下子让掘金的人清醒过来。除了金子，还有生命。我想起孔子的时代，便有人说了"天生万物"、"天人合一"的话，好像专门说给现代人听的。再想到小虎，比起误食了农药的知更鸟和燕八哥，它要幸福百倍。起码岭南人待它真诚，彼此也相处融洽。

从住处到教室，大约十分钟。路上看得见一处花园。花园里有几堵红墙，相隔而立，很有几分古典园林的神气。墙面中央是圆形的镂空，拍照的时候可以从里面探出头来，摆上各样姿势的怪相。红墙旁边有粗糙的石板台阶，还有大尖叶子的棕榈树，已经长得老高。风吹过，便是一片簌簌。花园的尽头有一处凉亭。课余，我便进去坐坐，翻几页书，或单只望着风景发愣。岭南的学生，很少有人在外面扎堆喧闹。所以独坐凉亭，处身于清雅风景，恍若隔世一般。

还有另一处花园，侧对着中心广场。草地上插着四顶太阳伞。绿色的大篷底下是圆桌子和几张竹椅。好像欧洲的露天咖啡馆，常有人来晒太阳，窸窸窣窣地聊天。比起来，我倒是喜欢前一景。大概它更多几分江南静谧而雅致的味道。

学校里常有一些免费的宣传品。有一次是明信片，但邮资还得自付。我拿了几张。看到光洁面上是广告，写着岭南大学是香港唯一一所提供优质博雅教育的高等学府。说起博雅，便想到博雅君子，学识渊博、品行雅正。古时候，有六艺之学，礼、乐、射、御、书、数，样样精通者，方为贤能君子。按现在的话说，就好比要实行综合素养教育，才调教得出人才。不过，岭南的博雅主要取了西方概念。西方人兼重人文、社科，也更有些抽象思维。譬如培养适应力与创造力，跨文化的沟通与人际交流能力。于我而言，确实深有体会。

珍妮住在我的楼上，隔了两层；她是从美国的佛罗里达来的，皮肤白皙，脸上有几粒淡淡的雀斑，亚麻色的头发。她很瘦小，全不像一般吃比萨、喝可乐长大的西方女孩子。有时候看见她的背影，常常以为是本地的学生。其实，她是来当辅导老师的，教英文。闲暇时，也烤一些曲奇饼干，搭上巧克力酱，招待住在一座楼里的同学。

第一次和珍妮聊天，是为了英文功课。对照博雅教育的特色来说，双语、跨文化、师生交流，它便全占了三条。从前，少有和外国人促膝长谈的经验。所以走到门口，不禁畏缩起来。珍妮的眼睛很美，深陷着，外面是细长浓密的睫毛。她说话很快，幸而简短，不至于让我误解了意思。本来英文课规定的题目是香港生活，结果谈偏了。珍妮和我说起了旅行，还说起她曾经念过的生物学。我便给她说内地的事。后来再遇见珍妮，常常在路上，匆忙的时候便只打声招呼。

四

在岭南，我选了一门叫文学与文化研究的课。读书是一方面，但主要还是谈些社会上的事。譬如小人物可悲的命运，人与人之间自私的冷漠。我和另两个同学拣了个人抉择的话题，打算做一项关于老人的研究。对香港本地的学生来说，做社会调查是司空见惯了。就好比学商科的，自然去宿舍楼挨家挨户地卖糖果，算是体会市场经营的理念。不过在我看来，确是一件新鲜事。惯常地想，研究文学总是捧书而读。其实，这倒误了文学的价值。想起德国人莱辛说的，有才能的作家，"总是着眼于他的时代"。写的人既已从社会而来，读的人自然要回到现实。沉醉于王公贵族的华丽，显然贫乏且无聊。我们周围人的不幸，常常触动我们的灵魂。而文学引起我们对他们的同情，引起我们对不幸的关注，恰是它的意义之美。

关于老人的研究是在养老院里展开的，大约用了一个月。起因是加缪的小说《局外人》。他在里面写了生活在养老院的母亲，和默尔索特立独行的自我选择。在香港，养老院多是私立，有专门的看护。从前念小学的时候，我去过养老院。印象里总不尽如人意，便自然而然地想，那些独居的、进了养老院生活的老人往往悲惨。子女不赡养，政府漠然以对，社会的伦理道德也衰败了。所以他们只能痛苦地进养老院过日子。想到这里，就觉得难受。

不过，事情变得滑稽起来。我们在屯门找了一间养老院。规模很小，但设施齐全。几个老头、老太很安逸地坐在一起看电视。"他们很开心。都是自愿来的，子女也常常帮忙料理事情。"也许，我们要感到大失所望了。本来以为现实社会总是灰暗无比。好像把自己的同情一股脑儿地加在别人身上，便可以博得道德的美誉。结果，用自己的感受给别人设置标准，是一种冒犯。尊重别人的选择，才是最大的尊重。

但这仅仅是在香港。后来我写了一篇相关的文章，贴在网上。内地的人并不赞许。大抵是因为内地养老院的生活，确实不尽如人意。

这门叫文学与文化研究的课，让我获益匪浅。以后我又读了很多书。岭南图书馆的藏书谈不上宏富，却也齐全。最喜的是，一次可以借 20 本。比起杭州图书馆提供的可怜巴巴的 3 本限额，确实舒爽。据说，香港有一些内地寻不到的书。譬如张爱玲的《赤地之恋》、《秧歌》。借了来，才知道当初是被冠了反动的帽子，不得出版。我又借了些现实主义的书来读，忽然觉得里面有关个人偏见、选择、抗拒，以及对他者接近的探讨，活生生地跳出故事，立在眼前。有时候我在想，自己好像被卷入了人与社会这一纷繁复杂的空间。思考，但又迷失在思考当中。就好像要为个体选择辩护，却发现个体固执的不可抹零的偏见时刻阻碍着我的辩护。

也许身在异乡，读了太多与现实有冲撞的书，才会产生种种冥想。

23. 背水一战

在孩子面前，大概不少母亲都是"低低的"。

　　芳芳回到浙江大学后，又参加了考试。教当代文学课程的吴秀明教授，发现一个学年都在香港读书的芳芳，回来后补考拉下的课，竟然仍能考到九十多分，感到惊讶。其实芳芳虽然人在香港，但她仍然不忘复习浙大的功课。芳芳是个非常勤奋努力的孩子，各方面的基础都很扎实。不久，芳芳就进入大四了。系里可以保送她在本校读研究生，也可以保送她去南京大学读研究生。

　　她问我："你说我要不要保研？如果保研了就不用考，但必须上浙大或南大。如果婉拒了，考不上更好的学校，就等于两头落空。"我说："当然自己考比较好，保研对你来说太轻松未必是好事。"她说："保研的名单班里已经评好，一旦落定上交研究生院就不能更改。如果自己考研，还要半年后呢！"我说："那就放弃保研，背水一战吧！考北大毕竟是你的理想，为了理想就去拼搏吧！"她说：
"好吧！"

　　婉拒了保研后，2004 年 9 月，芳芳开始报考北京大学
中文系的研究生。大四已经修完了本科学分，那些不准备
读研究生的同学，开始忙着找工作单位；而考研究生的同
学，就开始复习迎考。芳芳每天到图书馆自习室去复习，
自香港回来后她基本天天在家住。所以她一早去图书馆，
我就抓紧赶写手头的长篇小说。想着完成后，我可以陪她
一起背水一战，那是多么富有挑战的事。

　　然而，那天芳芳查找了往年北大中文系研究生的考试
资料后，觉得特别难，情绪一落千丈，暴躁地把一堆复习
用书向我砸过来："这么难，你去考吧！"我知道她被难题
吓坏了。因为放弃了保研，也就是没有了退路。这多少让
她心里感到恐慌。我说："你别怕，你完全能胜任，世上
无难事。"她说："你别唱高调了。"

　　仿佛一切都是我的错。我突然感到做母亲真不容易，
除了生活上给孩子照顾，还要在精神上和学习上给她抚慰
和力量。那点点滴滴累积成河的艰辛，孩子怎么会知道！
我心一酸，眼泪也出来了。我十分伤感，但仍强作心平气
和地说："我也是为你好，但是现在你已经没有退路了，
情绪不好对自己没有好处，只有知难而上、认真复习才是
明智的。"终于，芳芳又鼓足了勇气和信心。

　　九月中旬，我的长篇小说《灵魂的舞蹈》完成了。书

稿一交给出版社，我就着手家里的大扫除，并且给芳芳找出不少相关的复习用书。我知道这半年将是我们同心协力攻克难关的半年，也将是芳芳刻苦用功努力拼搏的半年。无论能否实现心中理想，对她来说努力拼搏的过程，都是一种训练和提高。

这年国庆的天气，一下冷了。一大清早，我买上早点送芳芳去汽车站，大风呼呼地刮着，把我们的长发吹得飞舞起来。待她挤上汽车后，我才放心地回家。在这度难关的时期，我非常乐意早晚去汽车站接送她。不为什么，只为给她温暖和支持。

从汽车站回来，我也像个考生那样埋头看考研复习资料。虽然我帮不上什么忙，但我和她一起奋斗对她也是一种鼓励。于是我一本一本认真地看，觉得重要的内容就用红笔画出来。有些填空题，只能查找相关资料。这样忙碌了一个星期，直感到头昏脑涨，累得慌。那天女儿回来，见我用红笔东画西画的，便笑着说："你算了吧，你这样画给我看没有用的，我必须全部自己看，才知道来龙去脉。你还是写你自己的东西去吧！"

我忙了一个星期，结果对她毫无用处，真是吃力不讨好。于是我连连说："好吧，你自己用功吧，我也帮不上忙。"其实我心里很明白，我这样做完全是让她有一颗定心丸。我知道她看到妈妈这么支持和鼓励她，她就会安心。天下无难事，只要有决心、有毅力，再加上自己的聪明才智，一定能事半功倍。

　　每天晚上，只要我坐在书桌前，芳芳就感到心里踏实。我们又到了背对背做功课的时光。这样的时光让人感到特别亲切、温暖和安静。我们基本上不说话，手机都关了，各自忙活。这期间正好香港《文汇报》的编辑约我写一组历史随笔，于是芳芳做功课，我就写历史随笔。第一篇写《想起孔子离婚》，写到"孔子尚中庸，若不是实在与兀官氏过不下去，他是绝对不会离婚的。不过，离婚对孔子来说是一种解脱。他的精神生活，由此而逐步深化地浸透在智、仁、勇这三个方面"时，觉得自己仿佛是在以"现代性"来阐释古人的婚姻，不禁暗暗为孔子的离婚笑了起来。

　　"你笑什么？不许笑！"芳芳严肃地说。

　　"哦，知道了。"我赶紧不再发出声音。

　　到了子夜时分，我接连打着哈欠。我说："咱们睡觉吧，明天再做。"芳芳说："不行，若像你这样早睡，我怎么能考得好？"我说："哦，那你继续用功吧！"

　　芳芳不睡，我当然只能陪她。但想着她这么晚还不睡，怕她累坏了脑子，便说："太晚睡对大脑不好，脑子需要休息后才管用。"她有点不耐烦了："你这样唠叨，我还要不要做功课？"我生怕影响到她的情绪，赶紧闭嘴不吭声了。在孩子面前，大概不少母亲都是"低低的"。

　　从前芳芳上中学时要催几次，她才起得了床；现在我想让她多睡一会儿，她却像精灵似的一骨碌就起床了。天蒙蒙亮，她不洗脸、不梳头、不吃早饭就钻进书房复习。我看看桌上的闹钟，才五点多。天哪，她才睡了 4 个小时，真是不要命了。但我没有再唠叨，心里想随她去吧！功夫不负有心人，她一定会如愿以偿的。

到底是人到中年了，我累得起不了床。躺在床上整个身体沉沉的，直感到腰酸背痛。有时等我起床来，芳芳已经复习了两个小时了。于是我赶紧买早点，接着送她去车站。白天她到图书馆复习，我就在家里做家务，也帮她查找一些有用的资料。

天越来越冷了。这年的十一月中旬，气温一直徘徊在四五度间，且阴雨连绵。我就让芳芳在家里复习，不要再去图书馆。只是芳芳做功课时，即使我在隔壁房间或厨房做家务，也得轻手轻脚。我们的楼房隔音效果不太好，而芳芳总是容不得一点干扰。所以除了煮饭炒菜，我就在隔壁房间写我的中篇小说。写小说不同于写历史随笔，不一定要查资料，完全可以坐着不动。于是我也像芳芳那样，一坐就是一个下午。

也许一个人复习太寂寞，芳芳又把我从隔壁房间喊了回来。我奉命回到书桌前，和她背对背地做功课。她功课做累了，仍然会像小时候那样让我抱抱她。虽然都快大学毕业了，但她还是非常需要妈妈的拥抱。

进入十二月，天冷得紧，手握笔的时间一长就被冻僵了。我给芳芳一次一次地泡热水袋，因为是阳台改制的书房，那一长溜的玻璃窗并不密实，风呼呼地吹进来，真冷啊！渐渐地我们的手指都冻得裂开了缝，隐隐地疼着，但并不影响我们的学习。倒是楼下刚退休的一个孤身老头，突然拉起胡琴来了，一天三次，每一次都要拉上两小时，直把人拉得烦死。

我给芳芳买了耳塞，让她把耳朵塞住，这样也许好一些。然而退休老头一边拉琴，一边还放起了音响。音响的嘭嘭声和胡琴的吱呀声，简直让人烦躁极了。我终于忍不住走下楼去找老头说："我女儿要考研，你是否暂时别开音响、别拉琴，等她考完了再拉好吗？"老头说："你女儿考研，我要胡琴考级呢！"我说："你能否错开时间拉琴，譬如中饭时间和晚饭时间。"他说："你们吃饭，我也要吃饭。"我说："都是邻居，要互相体谅照顾嘛。"他说："那你们体谅一下我，我要考级拿证书。"我说："你都60岁了，拿了证书也没有用啊！"他说："活到老，学到老。"

大家都知道这是一个古怪老头。我改变不了他，只能改变我们自己。我对芳芳说："咱们就克服克服吧！你别去听他的声音，顾自己做功课，就像我一样，他再吵，我不听他的，思想不分心，照样可以自己写文章。"芳芳说：
"你又不要背书，我可要背英语的，这么吵你叫我怎
么背？"

面对楼下的胡琴声，我一时很无奈。我劝不了别人，
只能劝女儿，可女儿委屈得哇哇大哭，把我的心都哭碎
了。在这节骨眼上，我们不可能搬出去住宾馆，芳芳也不
可能再来回跑图书馆去复习，怎么办呢？我一被逼急，拉
下脸去找老头评理："你若再没完没了拉琴，我就报警了。
你一个老人要知书达理。我们只要求你少拉一些，中午和
晚饭时间拉，等我女儿考完了你爱拉多久就多久。如果你
再不听，我也不让你睡安宁。你自己想想吧！"我说完，
"砰"一声，甩门而出。

这老头欺软怕硬，我这番话，还管用。果然，他到中
午和晚饭的时间才拉琴了。我们取得了小小的胜利，非常
高兴。芳芳更是抓紧时间复习。每到子夜我不断地打哈
欠，撑不住了就躺床上去，只是她不睡，我不会让自己睡
着的。只有她躺下睡了，我才放心。有时我也催她："该
睡了，过度疲劳，影响大脑，还有生命危险。"她说："我
知道，你别吵。"

临考前十天左右，芳芳依然天蒙蒙亮就起床了，而我

还赖在床上。这和她上中学时，我一早起床再催她起床的状态恰恰颠倒了过来。芳芳就是那种紧要关头会豁出命去拼搏的人。我感到很安慰，但也心疼。

也许太累了，芳芳感冒发烧了。我赶紧让她吃药，催她休息，可是她依然坚持复习到凌晨才睡。第二天我也感冒发烧了，感到浑身骨头发疼。这晚我早早地顾自己睡了，没等她上床，我就睡着了，也不知道她是几点睡的。

由于发着高烧，我和芳芳都起不了床。到了午后，我们支撑着去附近卫生院看病打点滴。医生给我们配了三天的量。接连几天，我们在卫生院门诊的注射室里打点滴，手挨着手，心连着心。芳芳即将考研了，我们却都病倒了，这真让人着急和担心。终于，临考前两天，我们的病都好了，一切又恢复了正常。

考试那天，天气特别寒冷。我们一大早起床，暖暖地吃了牛奶和蛋糕便出发了。考场就在杭州高级中学，那是芳芳的母校，让人感觉非常亲切。就像当年高考那样，我送到她学校门口，对她说："心在内心，冷静仔细，你一定行的。"她点点头，忽地又转过身来亲了我一下，才进考场去。

连续两天，终于考完最后一门课。我带她到西湖边的一家餐馆吃饭。一边听着音乐，一边品着美食，感觉特别放松，仿佛全部的疲劳都消散了。

24. 美丽的春天在 2005

在我的感觉中，孩子超凡脱俗的气质就是在教育中慢慢熏陶而成的。无论家庭教育还是学校教育，引导孩子形成一个什么样的人生观，颇为重要。

当同学们都在找工作的时候，芳芳一边在学校图书馆做毕业实习，一边忙着收集资料准备写毕业论文，一边又心神不定地等着北京大学的研究生录取分数。毕竟关系到她自己的前途，那种揪心的等待让她度日如年。三月八日"妇女节"那天，终于可以通过声讯台查分了。然而，芳芳却胆怯着不敢拨电话。她说："妈妈你拨电话吧！"我说："还是你自己拨吧，一定是好消息。"她说："哦，那我拨了哦。"

芳芳开始拨电话，我凝神屏息地望着她。半晌，她激动极了："妈妈，我总分 412 分！"我说："啊，这么高，比去年的上线分数高出那么多。"她说："是啊，比去年高出很多。我听了两遍，开始以为自己听错了呢！"她说着就扑了过来，抱着我的头亲热极了，就像小时候第一次拿到钢琴考级证书那样。

几天后，北大招生网贴出了全国考生的分数。芳芳查找后，欣喜地看到自己竟然是中文系考分最高的。我说："啊，女儿你真棒！"她说："这还不能算，要复试呢！"我说："什么时候复试呢？"她说："3 月 25 日。"我说："哦，那没几天了，咱们买火车票去吧！"她说："急什么，等复试名单出来再去买票。"我说："哦，考了系里最高分，应该没问题吧！"

那天我再上北大中文系网站，在复试名单中一眼就看见了"解芳"这个名字。我对芳芳说："你在名单中，第一个名字就是你呢！走，咱们买火车票去。"于是我们高高兴兴地买回来了两张去北京的卧铺票，只待出发的日子了。

这年春天，对我们来说非常美丽。北京的编辑告诉我，我的长篇小说《灵魂的舞蹈》已经出版，我们到北京后他马上可把样书送过来，这让我欣喜不已。一种丰收的感觉，一种辛苦付出后的欣慰，格外强烈。

到达北京后，我们住在勺园宾馆。虽然 200 元一天的房价，对我们来说有些贵，但考虑到勺园宾馆就在校内，不用来回奔跑有利于复试，也就没考虑那么多了。

第二天一早，是英语听力的复试。芳芳进考场后，我和其他送孩子来北京的家长，就在场外等。教室里的播音器声音特别响，我们在外面也听得一清二楚。大约过了一个多小时，芳芳出来了。她满面笑容，我知道她一定考得不错。

经历了过五关斩六将，芳芳顺利通过复试，只待回家等录取的通知了。这几天下来，我们亲眼目睹大批的考生被淘汰，真是残酷啊！我对芳芳说："你进北大后，一定要勤奋努力，好好珍惜在北大的学习机会。"芳芳显得很坚定："对，我会珍惜的。"

从北京回来，芳芳把本科毕业论文的题目确定下来了："论明初诗僧姚广孝及其诗文"。那天她提出要去灵隐寺请教法师一些佛学知识。联系到一位法师后，我们便去拜访。法师的确知识渊博，对明初诗僧姚广孝也颇熟悉，和他聊起来就有了许多沟通，并且受益匪浅。

那些日子，我一直在阅读哲学、心理学和教育方面的书。教育并不是一件容易事，可教育又是如此重要。在我的感觉中，孩子超凡脱俗的气质就是在教育中慢慢熏陶而成的。无论家庭教育还是学校教育，引导孩子形成一个什么样的人生观，颇为重要。我并不知道我对芳芳的教育是否成功，但我知道她勤奋、自尊、坚韧、上进、谦逊，有竞争意识。我认为这些是现在的孩子必备的素质和能力。

晚上芳芳写毕业论文，我接着给朋友写书评或印象记，如作家铁凝、张洁、张抗抗、方方、林白、迟子建、徐坤、徐小斌、蒋子丹、赵玫、海男、余华、莫言、陈村、孙甘露、白桦等，和学者陈思和、陈平原、王德威、陈骏涛、洪子诚、夏晓虹、崔卫平、艾云等。一个多月后，芳芳完成了五万余字的毕业论文。这时是五月中旬，山东曲阜师大岳宗教授正好邀请我前去讲课和旅游。于是，我就带上芳芳去孔子的家乡玩。我们坐火车到济南，再坐汽车到曲阜。曲阜素有"东方圣城"之称，走在

小县城窄窄的马路上，能感受到"有朋自远方来，不亦乐乎"的气息。

接我们的岳宗教授以及学校领导，非常热情。我的公干完成后，剩下来的几天岳宗教授就陪我们游孔子故里。首先参谒位于城中心的孔庙。孔庙是宫殿式的建筑，规模宏大，很有气势。主建筑为三殿一阁，即大成殿、寝殿、圣迹殿和奎文阁。大成殿是孔庙正殿，殿前甬道正中的杏坛为孔子讲学之处。杏坛旁有一株古桧，称"先师手植桧"。我们站在古桧下，芳芳调皮地说："我好像呼吸到孔子的呼吸了。"

从孔庙出来，我们又到了孔林。这是世界上延时最久、面积最大的氏族墓地。孔林神道，苍松翠柏夹道而立；占地三千亩的孔林，杂树繁花，林深荫浓，坟冢毗连，碑碣如林，参天古树万余株。孔子墓东是其儿子孔鲤墓，墓南是其孙子孔伋墓。导游说，这是"携子抱孙"的墓葬格局。墓旁有三间屋子，立碑一座，题有"子贡庐墓处"字样。据说孔子葬后，弟子们服"心丧"三年。弟子给老师服丧但不穿孝服，只在心里哀悼，叫"心丧"。三年心丧完毕，弟子们拜墓泪别。子贡则在墓旁"结庐守墓"，一守六年，为后世所广为传颂。

我和芳芳说："子贡他们对孔子的孝道，不仅仅因为孔子的微言大义，也不仅仅因为孔子的忠勇刚正，更因为孔子对真理、对'道'有一颗敬畏之心。"

　　离开孔林已近黄昏，我心里沉甸甸的，想着那"敬畏"一词，如今还有多少人在乎？而二千五百多年前的孔子，在他衰老之时却还极度忧患地感叹："天下无道久矣，莫能宗予。"

　　几天后，我与芳芳在岳宗教授的陪同下，从曲阜来到泰山。这是我们向往已久的地方。我们乘缆车到达泰山天外村，再拾阶而上便是泰山天街。行走在天街，仿佛在天上仙境漫步。据说这里是看日出的最佳位置。泰山顶上有一块巨石，威严地刻着"五岳独尊"四个字。芳芳与巨石留影后，说："这大自然实在令人敬畏。"

　　回到杭州已是五月底，天气变得很热。芳芳进入论文修改期，而我因杂志约稿开始写农村题材的中篇小说《九堡》。我们又背对背地做功课，脚旁各放一把电风扇。这小书房真热啊，我们汗流浃背地忙着。写作的甘苦只有自己知道，那是一件耗命儿的事。不久芳芳顺利通过答辩，论文还获得学校毕业生优秀论文奖。

四年的本科学业完成了，芳芳在这四年中获得了不少荣誉证书。那篇大一时写的短篇小说《沃弗》，还获得了浙江大学第五届"新叶·广发"文学奖。

25. 走进燕园

> 这是一个沉静、纯洁而又充满生机的学者之
> 湖……湖里有大师、学者的渊默，有未知的神
> 秘，更有启人奋发的力量。

暑假很快来临了，这是芳芳即将赴北大的暑假。我们一
边准备行李，一边读书写作，一边弹钢琴，心里满是喜悦。
这个暑假芳芳写了她的第二个短篇小说《天堂的诱惑》，而我
则写了中篇小说《大杨村》。我们都沉浸在小说世界里，与
自己的人物交流在一起。八月初，天气格外热，我和芳芳
又一次同时病倒了，都烧到三十九度多，躺在床上全身疼
痛。我支撑着起来给芳芳倒开水，却发现她也已起来正给
我倒开水。"妈妈喝水，妈妈你别起来。"我把她紧紧搂进
怀里，仿佛她还没有长大："我的宝贝囡囡，妈妈爱你！"
第二天一早，我们支撑着去医院。由于家门口修路，
打不到"的士"，我们只好穿过一条小街，坐上了去医院

的公交车。一上车，我感到一阵头昏目眩，胃里翻腾着只想吐。芳芳扶着我时，我感到她的身体滚烫滚烫的。到了医院一测体温，她已经高达四十度了。奇怪的是医生说："不用吃药，回家去在额头压条冰毛巾，过几天就退烧了。"第一次遇到发高烧不用吃药打针，我们很是惊讶。我对医生说："我们发那么高的烧怎么不给药?"医生说："最近正流行一种病毒性高烧，待四五天后病毒自动消退，高烧就退了。"我们疑惑着，但还是回家了。

回到家我们就躺倒在床上，只觉得热度越来越高。这时芳芳头痛得直呻吟，我就起来在她额头压上冰毛巾。因为没有吃药打针，心里总觉得不踏实。到了下午我再也忍不住，便又带着芳芳来到医院要求医生给我们打点滴。这次我们换了医生，她说："怎么可以不打针吃药，人都要烧坏了。"

注射室满是打点滴的病人。我们母女坐在一起，芳芳的左手拉着我的右手，仿佛拉着温暖和安慰。我们的点滴打了长长一个下午，身旁的病人川流不息，空气污浊透了。打完点滴，我们的烧退了一些，待到第二天再上医院时，已经退得差不多了。走在林荫道上，我们都觉得神清气爽。芳芳说："妈妈，我们已经好了。"我说："嗯，这世界从来没有救世主，只有我们自己救自己。"我是想告诉她：需要有一颗强大的心灵面对一切。

　　七月底的一天，复旦大学教授陈思和先生来杭州讲学，我和芳芳去拜见了他。芳芳虽然不是陈教授的入室弟子，但在早些年已经把陈教授当作自己的老师了。她在学习方面有什么不懂的地方，常常会发邮件请教；而陈教授总是有问必答，非常耐心地教导她，就像教导自己的弟子一样。无论在学问上，还是在为人上，芳芳跟陈教授都学到了不少东西。这次见面可谓师生相见，而我则成了旁观者。听着陈教授对芳芳的殷殷教导，以及听他们聊一些有关钢琴的话题，我深深感受到他们师生间的热诚的情谊。

　　我们家的钢琴，每天早上都会响起巴赫、莫扎特、贝多芬的曲子。我们写作时，巴赫、莫扎特、贝多芬的音乐便从组合音响里轻轻淌出。在一种无比美好的音乐氛围中，我们获得心灵的宁静、豁达，随着乐曲，靠近宗教。

　　在音乐的流淌中，我们的小说很快完成了。芳芳的《天堂的诱惑》投给《广州文艺》，我则把自己的《大杨村》投给《大家》。接着，我们开始着手整理行李，把东西打成大包小包。天依然是那么炎热，但我们忙里忙外干得格外起劲。箱子已经装得很满了，可芳芳硬是把一只布娃娃塞了进去。我则把新缝制好的被子，鼓鼓地塞进了一个旅行袋。

187

芳芳赴北京大学报到的日子，终于来临了。坐在软卧车厢里，邻床的旅客问我孩子上什么学校，我充满自豪感地说："北京大学。"我那神气，仿佛是自己实现了理想似的。当然，女儿上北大，我离北大也就近一些，或许能感受到北大的学术氛围，学习一些东西呢！邻床用羡慕的眼光望着我道："真不错啊！你是怎么培养孩子的?"我说："母亲情怀。"她说："什么叫母亲情怀呀？我孩子高三了，成绩不怎么样，对孩子我真是束手无策。"我一时无语，但很快接着说："每个母亲教育孩子的方式都不同，只要适合母亲和孩子之间的沟通，应该就是一种比较好的方法。"

第一个学期，芳芳他们没有住在北大本部，而是住在离学校比较远的万柳学生公寓。我们下火车后，提着大箱小箱乘坐学校接站公车到达万柳。八月底的北京，太阳热辣辣的，直让人鼻子冒汗。这是一栋旧楼，但也有电梯，餐厅、澡堂、自修室和水果摊都有，门口还有小饭店，生活十分方便。到北大本部去上课，可坐校内公车或公交车。

　　公寓里每间寝室住四个学生，一人一块小天地。我给芳芳铺床，从高低床的钢骨楼梯爬上爬下，不禁回想起自己的大学生时代。那时候我睡上铺，晚上熄灯后，总是打开手电筒照着看书。芳芳同寝室的其他三个同学，也都由父母或男朋友帮着铺床。一时间，各种方言汇集在一起，相当热闹。整理完行李，打扫好寝室，已近黄昏了，我这才去找旅馆住。幸好附近就有一家叫"航鹰"的招待所，价钱便宜，而且非常整洁。

　　芳芳和我一起住进航鹰招待所，她要陪伴我度过在北京的三四天日子。第二天，我们一起去北大逛未名湖。在我看来，未名湖是北大的眼睛，她最贴近莘莘学子的心灵。这是一个沉静、纯洁而又充满生机的学者之湖。多少大师、学者曾徜徉在湖边。湖里有大师、学者的渊默，有未知的神秘，更有启人奋发的力量。那湖光塔影，宁静中氤氲着北大的魂。

　　芳芳她们开学典礼结束的那天下午，我就打道回府了。芳芳也开始了在北大攻读硕士学位的学习和生活。芳芳说："妈妈，你回去后，我就一个人待在这个没有亲人的城市了。"我说："你去过香港，很快就会适应的。"她说："哦，妈妈亲亲。"我就像她小时候那样，亲了亲她的脸颊。

坐在回杭州的火车上，我开始担心她习不习惯北方的饭菜，担心她适不适应北京干燥的气候……有时闭着眼睛，耳畔还会想起朋友的声音："你只有一个孩子，应该把她留在自己身边。生命短暂，没必要那么顶尖优秀，那会很累的。"朋友是好心，然而我从没想过把孩子当作私有财产留在身边。孩子应该有她自己的道路，让她自己奔前程去吧！

26. 母女俩

　　年三十，家家户户都在团圆。我们母女俩，团聚在北大万柳学生公寓。

　　其实，芳芳适应新环境的能力很强。一个学期下来，不仅学业突飞猛进，也很快熟悉了北京城里的环境。那些风沙和干燥的气候，对她影响不大。一有机会她还参加一些校内外的学术活动，如中国社科院外文所举办的日本文学座谈会，有一次还听了大江健三郎的演讲《始自于绝望的希望》。

　　芳芳在电话里告诉我，大江先生说，1960 年 9 月他随日本作家代表团首次访华，受到周恩来的亲自款待。当时大江先生只有 25 岁，是代表团里最年轻、最默默无名的成员。他把自己当作璀璨群星光芒下一颗最黯淡、最不起眼的小星。他以为他只是一位陪同，混迹于鼎鼎有名的日本作家当中，没有人会认出他。然而，在王府井全聚德的一次宴会上，周恩来亲切地与他谈话。这让大江先生受宠若惊。尤其当他发现周恩来竟然清楚地知道他在大学时代学的是法国文学时，更是激动万分。他说，那一刻，他激动得连最著名的烤鸭一口都没有咽下去。

芳芳在杭州和在北京是完全不一样的。上浙大和上北大也有着很大的不同。参加这样的活动，不仅打开了眼界，也让她学到了不少新东西、新知识。这让我看到了她未来无限美好的前程。于是在 MSN 上，我们讨论了如何参加 GRE 考试，准备出国读博士等。

第一个学期即将结束时，我到北京和芳芳团聚。那天我下了火车转地铁，走出地铁换公交车时，感觉北京的冬天真冷啊！呼呼的寒风吹得我鼻子发麻。公交车摇摇晃晃地开了一个多小时，我一下站，就看见芳芳抱着一叠书迎面而来。她的脸容更加白皙、红润、细嫩，整个人看上去精神朗朗。

"妈妈。"芳芳大声喊。

"哎，你拿那么多书干什么？"

"我们直接去航鹰招待所，我要和你住在一起。"

就这样，芳芳和我又一起住进了航鹰招待所。航鹰招待所楼下有一家重庆人开的小饭馆，有米饭、面条和馄饨等，吃饭十分方便。我用芳芳的折叠小书桌，在床上开始出版社所约的《迟子建散文赏析》一书的写作，芳芳则在写字桌前复习英语。然而因为房间靠着楼道口，各种声音非常嘈杂，实在无法做功课。两天后，我终于忍不住要求服务员给我们换房间。

我们换到了楼道最里面的房间，关上门后的确非常安静。一大早，我们就起床做功课。往往是做了一会儿后，我再到楼下去买早点。吃完早点，又继续功课。我们不看电视，电视机被我们搬到了角落里。应该说，我们的日子过得相当单调和纯粹，它有一种特别的温馨和亲切。因为我和我的芳芳，内心都有一个海。

黄昏时分，航鹰招待所门口便有人卖烤羊肉串。那个四川来的小伙子，摊儿从黄昏一直摆到晚上九点。在北京冬天的街头摆摊，小伙子穿得不多，却没看到他冷得打颤。到底年轻啊！他的羊肉串五角钱一串，买上五六串，需要现烤。小伙子问："你女儿考大学吗？"我说："不，她已经是研究生了，在复习英语。"他说："哦，我只小学毕业，英语一窍不通，但我喜欢看书。"我说："你看什么样的书呢？"他说："看谢林的《世界灵魂》与费希特的《人的使命》。"我一惊，谢林和费希特都是德国古典哲学家，没有康德和黑格尔那样名声显赫，就是一般的大学生也未必知道。

"看不出你会喜欢哲学？"我说。

"你以为我们卖烤羊肉串的，就没有思想和精神追求？"

他说话时，一股藐视的眼神，反倒让我在他面前矮了一截。我说："哦，人不可貌相，那你怎么不找个好工作？"他说："难道我烤羊肉串就不是好工作吗？"我一时无语，拿上羊肉串逃回航鹰招待所去了。

"楼下那卖羊肉串的，居然喜欢德国古典哲学。"我对芳芳说。

"他也许是随便翻翻，当作吹牛的资本，你也相信？"

"这有什么好不相信的？他骗我又不能得到什么利益。这世界人与人之间，就是缺乏信任感。你想彼此没信任感的世界，将会多么可怕！"

芳芳冲我笑笑，无语。

我们在航鹰招待所住了差不多十天时，对面房间突然响起了小提琴声。原来那儿住进来一对母女，母亲和我一样，也是陪女儿来复习考试；女儿要考北大音乐系，必须加紧练琴。天哪，这如何是好？芳芳戴上了耳塞，但小提琴的声音还是让她感到烦躁。她无法背英语单词，无法做习题，而 GRE 成绩，直接关系到她能否成功申请全奖留学美国的问题。于是，我终于忍不住找对门的母亲商量："嗨，你好！我女儿在复习英语，你女儿这样从早到晚拉琴，我女儿没法做功课了。"

"哦，可是我女儿马上要考试了，不练琴不行。"

"到旅馆顶楼的阳台上去练吧。"我不好意思地说。

"好吧好吧……"

这位母亲非常通情达理，马上带着她的孩子上顶楼阳台练琴去了。我们重新回到了安静的状态。我刷刷地赶写着迟子建《鼠儿戏"猫"》的赏析，而芳芳加紧背着课文。小旅馆里，浓浓的学习氛围包裹着我们。到了黄昏，我们有时就沿着航鹰招待所门口的万泉河散步。幽静和诗意，让一天的疲劳，渐渐消散。

本来以为接下去的日子，能这样安安静静直到芳芳考GRE的那天。然而第二天一早，小提琴声又在对面房间响起来，而且整整响了一天。我打听了对门的母亲，原来是顶楼阳台的暖气不太热，孩子怕冷。她这么说，我就不作声了。

这时恰好芳芳从同学那里获知，同寝室的一个室友回家去了，于是我们退了房，搬到万柳公寓。第一次在学生公寓和芳芳的同学朝夕相处，重温做学生的感觉真是一种快乐。白天我们去自修室，晚上我就坐在芳芳同学的书桌前看书写作。到子夜时分，我睡在芳芳同学的木板床上，睡不着时就听她们夜间的磨牙声和梦语。

一周后，芳芳寝室的同学全回家乡去了，隔壁寝室的同学都走了，整个五楼只剩下我们母女俩，真是安静极了。芳芳考前的那一天，我正好写完了《迟子建散文赏析》这本书。真没想到这部书稿，竟然是在寒假期间的北大万柳学生公寓里完成的。

考试那日，天蒙蒙亮我们就出发了。由于司机不认识路，七转八拐差一点就误了时间。考 GRE 作文是机考，也就是考生必须在电脑上答卷。芳芳进考场后，我就坐在门口等。仿佛是一种陪伴，抑或是说一种支持的力量。只有在一起，我们才感到温暖和安稳。真是功夫不负有心人，芳芳这次考试的 GRE 作文成绩得了五分，相当不错。

考完的第二天，就是年三十了。第一次和芳芳在北京过年，虽然没有热闹的年货，但也非常有情味。下午我们去王府井逛商厦，芳芳看中了一件咖啡格子的呢大衣，我则买了一件白色的羽绒服。回到万柳学生公寓后，我们去食堂领了一份学校赠送给留校学生做年夜饭的菜肴。

家家户户都在团圆。我们母女俩，团聚在北大万柳学生公寓。四周是那么安静。除了学校发的鱼和肉，我们还做了一锅肉丸粉丝青菜汤。窗外鞭炮声响起的时候，我们在屋子里玩起了拍气球的游戏，红红绿绿的气球，"嘣嘣啪啪"一个个炸开，像放鞭炮那样喜庆。

27. 北大培养了她的学术眼光

> 从教育孩子，到反过来向孩子学习，这是一种必然。与孩子一起学习、一起长大，也许是现代母亲的一个含义。就像我的芳芳，她的每一次突进都带动了我的飞翔。

2006 年春天，芳芳她们搬到了北大校本部。那时我早就回杭州了。她的那些大大小小的行李，全是她自己扎捆打包搬运，这让我惊讶。因为楼下踩三轮车的搬运工很多，花几十元钱就 OK 了，但是芳芳在电话中告诉我："我想看看自己做粗活的能力。" 我想起有一次在与她聊天中谈到："一个人的潜力是无穷的，只要你愿意，就可以挖掘出自己的潜能来。" 没想到她记在了心里，而且也作了尝试。

常常是这样，在快乐轻松的聊天时，我把"道理"贯穿在玩笑里。因为不是说教，也不在乎她是否听进去，我只是把我的所思所想说出来。譬如有时除了学校的功课，我会催她再写些文章，促她勤奋。一次我到北京开会，顺便去看她，结果遇到她一个人在偌大的自修室里用功。我说："怎么就你一人？"她说："难道一个人不行吗？"我说："这么大的自修室，你一个人不寂寞？"她说："有什么寂寞的，我还忙不过来呢！"

芳芳的专业是文艺理论，进北大的大半年里，她选了王岳川先生的课，也选了陈晓明老师的课。王岳川先生是后现代文化研究专家，也热爱书法艺术，对学生非常严格，要求学生要有前沿、敏锐的学术眼光；而陈晓明老师的课对她触动也很大。从前她并不怎么喜欢当代文学，也不怎么关心当下的作家。上了陈晓明老师的课后，她对当代文学产生了兴趣，并开始关注当下作家的作品，其间发表了不少评论作品，如《本体追问与精神突围》发表于2006年2月16日的《文艺报》上，另外还在其他核心刊物发表了七八篇论文，读研前那个暑假里写的小说《天堂的诱惑》也发表在《广州文艺》上了。看到她如此硕果累累，我很是为她高兴。

芳芳在北大的导师都非常有学问，我向芳芳要来相关资料和他们演讲的录音磁带，这样我也就多了一个学习的途径。如果人在北京，我会尽量跟着芳芳去教室听课。北大是开放式教育，只要你愿意都可作为一名旁听生去听课，也可以花几元钱进入图书馆看书。

　　有时我住在北大校内的招待所里，晚上就与芳芳到未名湖散步，常常一直散步到燕南园。我从有关资料得知，20世纪50年代，燕南园居住着马寅初校长、汤用彤副校长、周培源教务长、侯仁之副教务长，还有冯友兰、张岱年、林庚、朱光潜、魏建功、王力等教授。作家冰心在20世纪二三十年代执教于燕京大学期间，就住在燕南园66号小楼里。从燕南园低矮老旧的灰墙外走过去，我们情不自禁地向园子里张望。那里仿佛放射着无形却强大的教诲和感召力。那宁静的氛围中，神秘、空寂、孤独、苍凉，实在是一个产生思想的地方。历经半个多世纪的风雨剥蚀，燕南园曾经的雅致小楼早已变得陈旧，一些房舍也早已易了主人，但那幽邃的学魂和思想的气韵，依然存留着。

　　这年的五月，在已做了几年的资料收集和采访后，我开始写《陈思和评传》，而芳芳几乎每天都在做她的课堂论文。那天她完成了她的文艺理论专业课论文《阿多诺文学思想初论》后，传给我看，让我提意见，可是我并不懂行，不能胡说；她又分别传给了导师和其他几位老师，后来还传给了陈思和教授。广泛听取意见后，她作了反复的修改。这篇论文后来获得了北京大学2006—2007论文创新奖，和北京大学中文系第二届原创大赛研究生学术论文类三等奖，并发表于由著名评论家李建军责编的理论刊物《当代文坛》2008年6期。这一学年期末，芳芳获得了北京大学光华奖学金。

我们在不同的城市各自忙碌着，但网上的 MSN 对话框，让我们仿佛当年背对背坐在书桌前。我们的灵魂，没有一天不朝夕相处。无论精神和肉体，我们互相支撑着，度过一天又一天。

这学期芳芳还选了陈平原老师的课。她的课堂论文是《我看胡适的诗国理想》。在陈老师的教导下，芳芳不仅进一步拓宽了视野，还懂得如何训练扎实的语言、逻辑和理论表达能力，培养了严谨的治学态度和学术眼光。为了写这篇有关胡适的论文，她读完了 12 卷《胡适全集》中的一大半篇章，整个暑假都泡在了图书馆。

而我是第一次给在中国学界有相当地位的著名学者写评传，心里的惶恐可想而知。尽管此前已做了几年的准备工作，但坦率地说，具备这一写评传的勇气，是与我在北大做旁听生补充了学养有关。这真要感谢我的女儿，是她以最优异的成绩考入北大，才使我也能走进北大，熏染一些北大最优秀学者的气质。

芳芳的《我看胡适的诗国理想》，洋洋洒洒地写了几万字，然后几易其稿，一直删改到只剩七千余字。半年后，文章发表在 2006 年第 6 期的《文学自由谈》上。她说，每完成一篇作品，就像自己创造了一个新生命。我知道芳芳在学术上开始有了一种进取精神。她知道师傅带进门，修炼在自身，必须更加刻苦用功。

除了《阿多诺文学思想初论》和《我看胡适的诗国理想》以外，芳芳又写了《略谈风骨之美的现代意义与价值》，后来这篇论文发表于 2007 年第 4 期《天涯》。当然最值得芳芳自豪的还是她的本科毕业论文《论明初诗僧姚广孝及其诗文》，这篇文章在《文学评论》发表后，被中国人民大学书报资料中心复印报刊资料《中国古代、近代文学研究》2007 年第 3 期全文转载。发表作品和被转载，是一件非常值得庆贺的事，但芳芳没有满足于此。她似乎很有决心，要在学术之海里畅游、击浪。

那年芳芳又选了夏晓虹老师的课，放寒假时竟带回了满满两个旅行箱的书，那都是些中国古典文学和历史类书籍。她说整个寒假都要在自己的书斋里度过。我发现这孩子已养成了读书、思考的习惯，至于逛街啦与同学们一起出去玩儿啦，似乎没有了兴趣。她越来越明白执著的治学精神、严谨的治学态度对于一个未来学者的重要性。有一次我去北京，跟着芳芳一起去听了夏老师的课。坐在教室里，我仿佛回到了我的学生时代。夏老师瘦瘦高高的个子，剪着短发，白皙的脸上架着近视眼镜。脱去大衣后，那件深咖啡色毛衣让她看上去朴素而雅致。夏老师的课堂魅力，从她偶尔淡淡的微笑中散发出来，让人就像吃了橄榄一样，细细品啜，满口生香，回味悠长。在夏老师的课上，芳芳写的论文是《晚清学者的"志"与"艺"——刘熙载散文思想研究》。

我和芳芳在学习与写作上，是处在竞赛状态的。我们互相学习，相互取长补短，既是朋友又是同学。我们在一起基本不谈家务琐事，聊着聊着就会谈一些比较抽象的话题，如人性、公平、爱等，并总是由浅入深推进到某一个层次上。

从教育孩子，到反过来向孩子学习，这是一种必然。与孩子一起学习、一起长大，也许是现代母亲的一个含义。就像我的芳芳，她的每一次突进都带动了我的飞翔。

28. 一个努力用功的女孩儿

> 那么多年，我们把最多的时光都用在书桌前了。在书海里畅游，我们就像两块海绵，不断地吸取着知识的营养。

2006 年 9 月，芳芳参加了由邵燕君老师主持的"北大评刊"课程活动。芳芳先后评点过发表在《当代》、《十月》、《人民文学》等杂志上的小说。她感到这是一门非常有意义的课。同学们坐在一起探讨小说，发表自己的言论，提出自己的见解，有时还会面红耳赤地辩论。芳芳喜欢这样的场面，喜欢几个人面对相同文本的真挚讨论。

2007 年第 1 期《人民文学》有 3 个中篇，芳芳对其中迟子建的《福翩翩》这样点评道：

> 迟子建《福翩翩》写柴旺与刘家稳两家人艰苦而平凡的生活，力图在烦恼人生中写出生命内在的欢欣

和温暖，以及"贫贱夫妻"间彼此的扶持与关爱。作者构思精巧，笔触沉静，常在不经意间流露出一种淡淡的哀愁。小说最关键的情节，是柴旺与邻居刘家稳合伙经营春联买卖。为了过一个"肥年"，拉板车的柴旺想出卖春联的主意。于是，他请因瘫痪而困居家中的教师刘家稳执笔写字，自己则跑腿叫卖。辛苦自是，却也收获不小。尤其，一阵大风吹起，将一张"福"字吹进富人家，竟换来一沓百元钞票，更是意外之喜。然而，"饥荒是条狼"的尴尬尚未挨过，柴旺却已不假思索，把钱花在了刘家稳媳妇的颈椎治疗仪上。在柴旺的意识里，这是在拿天上掉下来的钱做好事，完成刘家稳最大的心愿；而潜意识中，是否包含一个靠力气吃饭的底层男人对一个含辛茹苦、坚贞优雅的知识女性的爱慕关爱，是谁也说不清的。迟子建有意以这样出人意料的安排，将原本平稳得几乎封闭的情节打破，使人物的性格在情节的陡转中有了起伏的机会。原本以为"最会调理男人"的柴旺媳妇伤心得几乎疯了，不但当众砸碎作为"定情之物"的宝贝石头，还一度投入一直关照她的"王店大哥"的怀抱中痛哭失声。人们也许以为，她将从此进入另一段人生历程，将开始另一个故事。然而，她径行不远、中途折返，又回到了"坚忍不拔"的"柴旺家的"身份。对她来说，即使背负债务、衣食无靠，只要夫妻共担风雨、生活平淡安稳就是幸福。况且，当误会解除，云消雾散，原本温馨的小日子在加了把盐后更加甜蜜——这是典型的迟子建风格，她偏爱善良的人物，愿意展现人性中光明温暖的一面，贫贱夫妻百事哀的生活在她的笔下总能春风化雨，遇难成祥。小说细节饱满，人物鲜活，那份暖暖的温情还是颇能打动人心。

这个点评入选了北京大学出版社出版的《2007 年北大评刊年选》。芳芳还评论过范小青的小说《我就是我想象中的那个人》，这篇评论发表于《文艺报》："范小青运用短小的篇幅，描写了老胡生活的一些场景。没有曲折离奇、惊心动魄的情节，却仍丝丝入扣，动人心弦。她所揭示的不是老胡心底虚幻的隐秘，而是一种需要治疗的心理疾病。这种疾病属于现代人，是现代人彼此猜忌、彼此孤立的结果。"评论裴蓓《站在窗前的刘天明》的文章，后来发表在《作品与争鸣》上。

由于参加"北大评刊"，芳芳除了要完成课堂论文，还要阅读各种文学期刊。她认为比较好的小说，有时会推荐给我阅读。当然，可以让我们共同喜欢的好小说总是不多。虽然读书、写作很忙，但芳芳还是不断给自己增加压力，暑假里留在北大给留学生做辅导老师，还去北师大学习日语，整天安排得忙忙碌碌。

芳芳的学生阿曼达，是一个非常漂亮的美国留学生。

她热爱中国，喜欢中国的丝绸。一个学期下来，汉语已经说得相当不错了。有一次我去北京见到了阿曼达，她用汉语与我交流，脸上堆满阳光般的笑容。看得出她是一个爽朗的女孩儿，又非常勤奋好学。芳芳和她是好朋友，经常一起出去玩儿。那年圣诞节，芳芳还与阿曼达一起去了美国领事馆欢度节日。

2007 年初，我开始着手长篇小说《荻港村》的写作，芳芳则动手新的学术论文了。这个寒假，我们依旧背对背坐在书桌前做功课。从芳芳牙牙学语，一直到她考上北大读硕士，真是弹指一挥间啊！而那么多年，我们把最多的时光都用在书桌前了。在书海里畅游，我们就像两块海绵，不断地吸取着知识的营养。那天我为自己写了《荻港村》比较满意的开头，兴奋不已；而芳芳则为她比较顺畅地完成了又一篇新的论文而卸下了重负。我们去餐馆吃饭，为芳芳完成大作而庆贺，同时也为我美好的长篇开头而庆贺。

"祝你更上一层楼。干杯！"我说。

"哈哈哈，干杯！"芳芳说。

吃完晚饭，我们去武林广场散步。这是我们散步了二十多年的地方，一切的变化都在记忆的脑海里留存。我记得芳芳 3 岁时，穿着我缝制的绸缎棉袄，站在武林广场的喷水池前留影，那模样儿像个小大人似的可爱极了。

从前我和芳芳一起逛街，来回起码用上一个多小时，但自从考入北大后，她很知道节约时间，总是来去匆匆。仿佛家里有什么要紧事等着似的，其实回到家无非就是看书写作。我们长年累月在书斋，都已经习惯了这样的一种生活方式。那天，芳芳写了一篇《雨中的肖邦》：

　　5岁的时候，母亲带我去听了一场音乐会。那是我第一次接触音乐，具体的情形记不得了，唯有钢琴家饱有激情的神态，与清脆流畅、犹如天籁的琴音，历历在目、在耳，甚是感动。音乐会结束，我便认真地想要学琴，觉得弹奏钢琴是一种优雅华丽而且崇高肃穆的事业。事实上，当时的我，尚未真正理解那种感受，不过，母亲还是欣然从琴行里买回了一架闪亮的紫褐色钢琴，并很快物色到一位钢琴教师。

　　以后十年，我每天练习钢琴，稚嫩的双手在黑与白的琴键上伸展。钢琴教师是传统的学院派，作风严谨。她布置作业，往往是单调枯燥的练习曲。久而久之，我便疲乏了。有时候，练习譬如巴赫二部或三部创意曲之类，颇有难度的曲子时，我竟有了绝望与逃跑的想法，因为我听见一个一个笨拙的音符正在摇摆，曲调就是它们丑陋的舞蹈。于是，"哐"的一声，手指连同手掌一起砸向琴键，声音停止，指节却震得很痛。

到了高中，心想着考一所好的大学，便放弃了钢琴。母亲也说，她未尝想过让我成为一位钢琴家，之所以节俭而艰辛地供我学琴，仅仅为了一分气质与心性的修养与熏陶。

今天，忽然怀念起往昔的琴音。于是打开琴盖，翻开一本整洁如故的琴谱。肖邦的《b 小调前奏曲》作品 28 第六首，赫然入目。我把双手轻轻地摆放在琴键上，弹奏出一支深沉而忧伤的旋律。

人们说肖邦是一位钢琴诗人，他的作品大多为钢琴而写。他在钢琴宁静的清响里，找到了绽放的季节，找到了栖息的乐园。譬如《波兰舞曲》、《玛祖卡舞曲》，具有浓郁的波兰乡土色彩，曼妙无比。而《革命练习曲》，却是一首心灵的悲歌，激烈而奔放。肖邦仅仅活了 39 岁。上帝把莫扎特赐给了奥地利，却把肖邦赐给了波兰。19 世纪的波兰，遭到俄国人的侵略，濒临灭亡。而肖邦则于 1830 年，离开了心爱的祖国，前往巴黎。9 年后，他永远地长眠于泥土的清香里了。

《b 小调前奏曲》作品 28 第六首，是肖邦与法国女作家乔治·桑住在西班牙瓦德莫萨修道院时写的。

因为右手反复如雨滴落地般的伴奏，而与另一首《降
D大调前奏曲》作品28第十五首，合称为"雨滴前
奏曲"。

　　当右手轻柔地拨动琴键，左手犹如大提琴般弹奏
丰满而沉郁的旋律时，我想起肖邦。他坐在瓦德莫萨
修道院漆黑的屋子里，在悲戚的雨夜，独自弹奏这首
曲子。他说，他掉进了湖里，冰冷的湖水冲击着他的
胸膛，感到忧愁与窒息。雨滴顺着瓦片落到地面，仿
佛泪水趟过面颊滴到心里。我亦如是。一曲弹毕，回
味萦绕心头的低沉与响亮，发现直到此刻，我才渐渐
走进肖邦的世界。在他的生命里，对祖国的热爱与怀
念，远离家乡的落寞与苦闷，错失爱情的压抑与孤
寂，如雨水般渐渐沥沥，一点一点滴落心头。

　　有一种悲伤，感同身受。我的世界里，也有雨滴
落下。想起往昔母亲在风雨里，用自行车载我去学
琴；用贝多芬失聪作曲的故事，鼓励我练习枯燥乏味
的曲子；用温暖而有力的臂膀，把逃避练琴而逃跑的
我抓回来……这些往事一点一点，全部沉淀于心底。
甘苦酸涩，皆在其中。

　　恍然想起幼时练习这首曲子，未尝有过此番感
慨。谨记的，只是老师教给的技巧与表情。生硬的强
与弱、快与慢，总也领会不到肖邦细腻的情感。而此
刻，肖邦的"雨滴"使生活里所有的感动与哀愁，如

泪水般涌出眼眶。也因如此，肖邦世界里的忧愁与压抑，才一点一点地得到理解。或许，音乐的魅力即在于此。用一种音乐的共鸣，把他的生命与我的生命，连在一起。

只要从北京回到家，芳芳每天都坚持弹两小时的钢琴。在琴声中，我们有欢乐也有悲伤，但更多的是一种宁静和思考。

29. 为了理想

芳芳申请的 13 所美国大学里，有 8 所发来
了录取通知书，这真是令人喜悦又令人安慰。

在北大的第三年，芳芳考完了 GRE 和托福，而且考
得相当不错。于是她一边准备毕业论文，一边开始申请留
学美国。这两个事情搅在一起，忙得她喘不过气来。她的
论文选题最后确定为"阿伦特文学和文化思想研究"，随
后她即着手查阅有关汉娜·阿伦特的资料，包括各种英文
原著和中文译著，尤其是那些英文原著，为她提供了丰富
的第一手材料和新的思路。

芳芳常常连续写作十几个小时，有时写得畅快，有时
写得痛苦，有时仿佛身在炼狱濒临崩溃却又绝地再起，甘
苦只有她自知了。我明白，唯此才能真正在学术上脱胎换
骨，才能训练扎实的语言、逻辑和理论表达能力，培养严
谨、通达的学术情怀。芳芳把阿伦特的思想发展过程，分

为三个阶段来研究。她认为早期阿伦特凭借所熟悉的哲学与神学议题，致力于《爱与圣·奥古斯丁》的写作；不久以后，阿伦特从虔诚的哲学学生，转变为激烈的政治思想家，对社会、政治范围内的各种具体事件进行深入探讨；而晚年，阿伦特的兴趣则专注于"心智活动"。

申请留学的工作特别烦琐，芳芳要找老师写推荐信，要用英文写论文，还要开成绩证明单等，真是事无巨细。本科成绩单是我去浙江大学开的，来回的路上需要三个多小时。第一次去碰上一个狂风暴雨的天气。下了汽车，整个人仿佛就要被风刮走。奇巧的是，第二次去拿办妥的成绩单又是一个狂风暴雨的天气，整个人被淋得像落汤鸡。第二天我就发起高烧来了。

一切手续都弄好后，我们就开始等待消息了。大雪纷飞的寒假，等待显得格外漫长。我们几乎整天守候在电脑前，守候远方的好消息。

在半个多月毫无音讯的情况下，芳芳已绝望地做好了明年再申请的准备。可就在这时，"柳暗花明又一村"，一封来自美国威斯康星大学的录取通知书来了。这让我们的心中仿佛升起了一轮红日。有了这样一个好开端，接下来的日子就全是太阳了。斯坦福大学的录取通知书来了，哥伦比亚大学的录取通知书来了，西雅图华盛顿大学的录取通知书来了，得克萨斯大学的录取通知书来了……不到一个星期，芳芳申请的 13 所美国大学里，有 8 所名校大学发来了录取通知书，这真是令人喜悦又令人安慰。然而在这 8 所学校中，要选一所最适合自己的也不容易。我们选来选去，最后选择了有哈佛之称的斯坦福大学。作为被美国斯坦福大学全额奖录取的最优秀学生之一，女儿是值得我骄傲的。

芳芳上美国一流大学的愿望终于实现了，接下来她可以集中精神于毕业论文了。经过半年多的努力，芳芳完成了九万余字的初稿，随即她又逐字逐节地进行修改和校正，在语言、论述、内容上又下了一番苦功。

功夫不负有心人。芳芳的硕士论文《阿伦特文学和文化思想研究》得到导师和其他老师的高度评价：

> 选题具有前沿学术意义和现实针对性。作者通过汉娜·阿伦特文学和文化思想的研究，探讨了她的文化理论思想和深层学术意向，凸显了当代世界前沿文化的关键性问题，在当代中国文论界有着新的学术推进意义。作者在文中呈现了很好的学术功底和严肃认真的治学态度。论文有自己的独到见解，立论稳健，文献资料掌握充分，引用资料准确可靠，论证较为透彻。论文具有学术创造性成果，写作态度严谨，文字流畅，是一篇较优秀的硕士论文。

通过了论文答辩，芳芳就像完成了一件人生大事，接下来就是准备签证和打点出发的行李了。

六月底，我到北京参加芳芳的毕业典礼。那几天芳芳同寝室的同学先后都搬走了，我就都住在那里了。又一次住在学生寝室里，我的心儿突然年轻起来，许多学生时代的往事汹涌而来。然而到底时代不同，我们那时寝室里连电话都没有，有的只是昏暗的灯光和几个人挤在一起的书桌。

毕业典礼上，我望着台上坐着的穿大红博士服的各位贵宾，直感到一种知识和思想的感召，内心一阵阵激动，我的芳芳终于穿上北大的硕士服了。我激动地对芳芳说："你要感谢北大，感谢教过你的老师们；是他们培养了你，你要懂得感恩。"

"我知道的。"芳芳说。

随后，我和芳芳开始整理她的书籍，其中三箱直接海运美国斯坦福大学，剩下的大大小小还有十六箱，就从邮局托运回杭州了，被子、衣服及其他行李也一起托运了，那真是让人累得慌的体力劳动。

30. 芳芳的一篇随笔

> 我陪她去买了一条漂亮的旗袍裙后，又为她定做了一条……到底是大姑娘了，旗袍裙穿在身上显得格外妩媚。

这是芳芳赴美前的最后一个暑假，我们除了准备出发的行李，还一周一次地去医院看牙齿。芳芳有一颗大蛀牙，必须在赴美前把它修补好。每次看完牙医，我们就到超市逛一圈，把去美国的必需品一点一点地张罗起来。大部分时间里，我们仍然是背对背地阅读。芳芳阅读的是原版的英文书，而我读的是《胡适全集》。我知道这将是芳芳赴美前，我们最后一次背对背地坐在书桌前读书。这种我们母女已习惯的氛围将随着芳芳的赴美而不再拥有，一想到这个，我的心里就酸酸的。我的宝贝女儿，她即将独自飞越太平洋，就像小鸟长大了，就要倏地飞走了。

这个夏天，芳芳写了随笔《关于人品与艺品的两种说

215

法》，给我诸多启示：

在中国人的观念里，"德成而上，艺成而下"是一种很普遍的说法。"德成而上，艺成而下"最早出自《礼记·乐记》，是劝谏之言，也许是孔子的话，它表明一种以"德"为中心的谈艺态度。这种态度和孔子专讲人的哲学有关。孔子哲学主要讲自我修养和人格完善。在他零散的言谈里，有一个理想、完美的君子形象。如"君子忧道不忧贫"、"君子博学于文"、"君子成人之美"、"君子和而不同"云云。他想人人都像君子一样，内修仁德、外行礼仪，如此，社会便和谐、有秩序了。所以，孔子并不专门谈艺，只把艺当作一种实现理想的途径。他说："诗可以兴，可以观，可以群，可以怨。"又说："《韶》尽美矣，又尽善矣。"在他看来，诗于社会有种种现实的功用。一首诗，如果含有道德的意义，便能把这道德精神传递给人，进而教化人，提高人的修养。可见，孔子不是为艺术而艺术一派，他讲究实用，讲究内容。至于形式，只要"辞达"就够了。

孔子以后，孟子发展了孔子学说。一方面，孟子由孔子谈"仁"衍出新义，举仁、义、礼、智作道德准则，又用仁义联系王道，作经国之用。这使得孔子哲学更接近现实政治的需要。另一面，孟子言谈里有

"知人论世"一说，对后世影响很大。"知人论世"本来是说与古人交朋友，要吟咏他的诗，读他的书，还要了解他的人生和他所处的时代、环境等等。但后来，它撇开与古人交朋友的初衷，成为一种评诗评文的方法。迄至今日，这种方法仍是主流。就好像周作人研究，当人们进入他深情远致的文字时，不论捧之者还是贬之者，都不得不回到"五四"新文化运动那个时期，回到抗日战争那段历史，直面他附逆、在日本人统治底下出任伪职的事实。可见，孟子所谓知人论世，仍在"德成而上"的标准底下。

与孔子、孟子时间相近，是老庄和易象八卦之说。这两派讲宇宙、讲生命，有一种形而上的色彩。所以，他们谈艺术不重实用、不重内容，只把艺术当作天地自然、生命形迹的呈现。可见，这种把人与艺联系在一起的说法，有两种发展。一种在孔、孟，讲道德讲理性；一种在老庄、易象八卦，讲生命讲感性。

愈往后则愈有一种人化的趋势。现代钱钟书关于中国文评有一个结论，他说自古到今，中国文学批评家总是把文章通盘的人化或生命化（Animism）。像南梁刘勰便是耳熟能详的一例。他在《文心雕龙》里讲风骨，说做文章要"风清骨峻，篇体光华"。也就是说，文章要像人一样，有清新的风貌、峻拔的骨骼，

217

看起来神采奕奕。文章以外，其他门类的谈艺者也往往把艺术比作人、当作有生命的活物。例如绘画，六朝齐代的谢赫写《古画品录》，讲绘画六法，其中两点就是气韵生动、骨法用笔。既要有生命感，鲜活而生动；又要有精神性，不能软绵绵、懒洋洋。

显然，六朝人更近老庄、易象八卦一路，往往用难以捉摸、没有定规的自然和生命来比喻艺术，所以谈艺用词好像相人识鉴。那时候，人们普遍地说相人在筋骨、识鉴在神明。然而也有另一支往品评道德一面发展，也就是由自然往社会发展，从自由往定规发展，从近老庄、易象八卦往近孔、孟发展。这种发展和孔孟以来儒家学说渐成正统有关。汉代董仲舒继孟子讲仁、义、礼、智以后，添"信"一条，讲君为臣纲、父为子纲、夫为妻纲。他把本来兼谈个人修养和社会风气、并不苛刻的仁和德，变成为统治者的道德律，成为一种严格的要求和规定。由是，艺术受到政治意识形态影响，不像原先那样自由了。

艺术的局促化，在书法品评里很明显。像西汉扬雄有"言，心声也。书，心画也"，汉末蔡邕则有"书肇于自然"、"先散怀抱，任情恣性，然后书之"云云，都讲书法艺术以自然形势、生命气象为贵，为美。而蔡邕以后，南梁萧衍论书法，就有不同。他提到"传志意于君子，报款曲于人间"，比起自然而然、不加造作的心声、心画，其中志意、款曲更多几分意向性。于是纯粹自然、生命的说法，开始往主观意志介入一路发展。再以后，这种主观意志里加入了道德、伦理一类命令式、强制性的因素。可见，艺术评论由自然向社会人格发展，和道德律地位的不断提升有关。统治者愈来愈看中道德律对政治的好处，谈艺者们也就愈来愈把艺术当作道德容器、当作教化宣扬者。至于笔墨情性、赞咏生命的论调，渐渐变得次要了。

宋明以后，这种道德律及以道德谈艺的方法更加普遍。例如，明人项穆《书法雅言》里说："柳公权曰：心正则笔直。余则曰：人正则书正。"又说："人品既殊，性情各异，笔势所运，邪正自形。"且"褚遂良之遒劲，颜真卿之端厚，柳公权之庄严，虽于书法，少容夷俊逸之妙，要皆忠义直亮之人也"。而"赵孟頫之书，温润闲雅，似接右军正脉之传，妍媚纤柔，殊乏大节不夺之气"。历史上，赵孟頫是宋太祖十一世孙，属皇亲贵胄。可惜遭逢末世离乱，最后竟在元朝做了官。如此举动，家仇国恨、民族气节全失，显然很不光彩，免不了要遭人诟病。

然而，把人与书用一种政治道德简单联系起来，把政治选择当作妍媚书风的由来，就有点过头。一方面，关于书风妍媚一派，可能有性格温雅、细味技法的缘故。另一面，赵孟頫以后，文征明、董其昌等行书也有精熟、温润之时。若按项穆的说法，他们岂不也乏了"大节不夺之气"？

以道德谈艺也许有弊端。原因在于，就艺术来说，有真性情的艺术，有为了他物的艺术。真性情的艺术往往自然，如出水芙蓉，生来就美。像李白的歌行、怀素的狂草，都是真情流露。而为了他物的艺术，要么拙劣，要么专事雕琢，分外注重技巧。像宫体诗、馆阁体小楷，都是迎合帝王之作，虽精巧，但不亲切。真性情的艺术可以反映人的风神意趣；而为了他物的艺术，可能生气全无。同样地，在道德一面，有真道德，有礼法的道德。真道德是人本然地趋向善，是诚，是性情，是血性。而礼法的道德则舍本逐末，徒有虚饰。真道德和礼法道德能结合，便是最好。若只有礼法的道德，就成了孔子说乡愿，假借礼法以谋私利，成了道德假象。

但是对中国文人来说，为艺术有真性情、为人有真道德，是一种理想状态。艺术既有独立性，亦有道德性。尤其对于儒家文化薰习的文人来说，艺术之独立乃是站在道德之上的。孔子说："志于道，据于德，依于仁，游于艺。"唯有化道、德、仁入己心，才能自得、自由，才能到达游境。然而现实里，人们为了俗事有太多牵挂、太多不自由，对孔子道、德、仁的体会亦有偏差，要想真正到达游境总是很难。所以他们执著于以道德谈艺，执著于对欲得而未得之游境的渴望与追求。

清初书家王铎是对于那种理想状态欲求而不得的一例。他有一段耻辱的政治经历。1622 年，前明朝熹宗皇帝在位时候，王铎中进士、改庶吉士。两年后，他成为翰林院检讨，也就是史官，再后来，他做经筵讲官、做少詹事。等到 1644 年，崇祯皇帝在煤山自缢，福王朱由崧在明朝旧都南京建起偏安政权，王铎被委以东阁大学士。如此，应称得官运亨通、荣耀一时。然而谁曾料到，南明小朝廷早夭。弘光皇帝没享得几日安宁，便因了清军攻陷镇江、直逼南京，而仓皇出逃，留下些毫无抵御力的官宦们。除却以身殉国，这些官宦们唯有叩首迎降。王铎亦在降清之列。降清以后，王铎出任礼部尚书管弘文院学士，及明史副总裁。数年后，又任殿试读卷官、礼部左侍郎等职。从降清到离世约七年，然而这七年抑郁无为、七年贰臣之耻，竟笼罩了王铎全部的生命。

本来，以王铎的用功和天分可以成为书界巨擘，然而历史的错位和政事的复杂难解，使他投降了满族人建立的清朝政权。惋惜和批判是后人常有的态度。正是这个道德上有亏的选择，使他降清以后的生命充满了无限苦楚与哀凉。也正是这种苦楚与哀凉，使他耽溺于狂舞的笔墨丹青，以遣生命之轻。

　　关于人品和艺品，也许有另一种说法，同样从以道德谈艺的弊端引申而来。前述讲到道德和艺术各有两种面貌。除去那种真性情、真道德的理想状态，艺术和道德也有彼此欺骗的时候。一件艺术品，可以透露真道德的精神；可以充满伪善的礼法；也可以仅仅当作工艺，显示技巧。一个不屑礼法道德的人，可以狂、可以狷，可以把他全部的生命、热情和矛盾融于艺术。所以，像元遗山《论诗绝句》说："心声心画总失真，文章宁复见为人。"而孔子也有教诲："君子不以言举人，不以人废言。"按照孔子的说法，单单凭一段经历、一次选择，就从伦理道德一面把人否定，抹杀他本有的艺术造诣，是不妥当的。

　　然而归根结底，中国人的传统是偏向第一种说法的。惟"德成而上，艺成而下"

222

才符合几千年的美学理想，才是正宗的。而后一种说法，显然有一些现代的意味。

在芳芳的心里，中国文化、中国文论，有一条清晰的线索，一道丰盈的脉络。这对她以后求学西方，浸淫于西方文化的世界，无疑是一个非常重要的参照和视角。

过后，我陪芳芳去买了一条漂亮的旗袍裙后，又为她定做了一条。那天她爷爷八十大寿，她就穿着定做的那条旗袍裙去赴宴。到底是大姑娘了，旗袍裙穿在身上显得格外妩媚。

我和春天一起启程
从旧金山渡过海峡
因为大地的空荡　也因为
夏威夷那支让人不忍离去的
吉它曲
使我成为四月最后的失眠者
——顾艳《四月的夏威夷》

31. 飞赴美国斯坦福大学

芳芳和同学都戏称斯坦福大学是个大农庄，而他们就是这大农庄里的农民。

出发的一天终于来临了。那天一大早，我们驮着三个旅行箱，坐上开往上海浦东机场的汽车。上午八点半到达浦东机场，办完一切手续，芳芳就进安检口了。她一走一回头，远远地挥着手，我渐渐地泪如泉涌。我一直望着芳芳的背影，直到望不见为止。

我没有马上回家，我一直待在机场候机厅。芳芳不停地给我发短信，她说："妈妈，我爱你！"每收到一条短信，我的泪就要淌下一次。我知道接下来我们母女都将孤独地面对世界，即使天塌下来也要自己顶着，我们要坚强。

一会儿，芳芳关机了。她在飞机上给我发的最后一条短信是："妈妈我想你！亲亲！你自己保重！"我的眼泪又簌簌地落下来。我的心无比凄恻，我知道女儿踏上了异国他乡，不是我想见就能见得到的了。我亲爱的宝贝，二十三年来你一直是妈妈的支撑。与其说是我养育和教育了你成长，不如说是你一直在支撑着妈妈在艰难中向前、向前。我心里一遍一遍地喊："我亲爱的宝贝，妈妈爱你，永远深深地爱着你！"我知道芳芳这时收不到我的短信，但我还是给她发了短信说："妈妈爱你！你一定要管好自己，开心快乐每一天。"

回杭州的路上，我的魂一直跟着芳芳在天上飞。说不尽的悲与喜，二十三年点点滴滴。回到家，已是下午三点了。我屈指算着芳芳到达美国的时间，应该是我们这里的深夜三点半。我在等着这个时间快快到来，等着电话的铃声在这个时刻响起来。我不停地做事，以减轻内心等待的焦虑。

夜深人静，我一直守候在电话机旁。一点、二点、三点，终于等到了凌晨三点半，可是电话铃声没有响起来。我的心里开始惶惶不安。天亮时分，我不知不觉地睡了过去，突然一阵电话铃声响了起来，我赶紧抓起电话，听见了芳芳的声音："妈妈，我现在在寝室里了。一切都好。等一下斯坦福大学退休教授库拉来接我，让我住到她家去体验美国家庭生活。"我说："你刚到，就去？"她说："是啊，她马上就来接我了。"我说："哦，那你管好自己吧！"

搁下芳芳的电话，一颗悬着的心才放了下来。我知道她参加了斯坦福大学外国新生的一个项目，就是住到美国人家里去体验美国家庭生活。这对新生自然地融入美国文化是非常好的办法。不过想起芳芳毕竟人生地不熟，初来乍到就马上住进美国人的家庭，不知道能否习惯，心里又不安起来。

芳芳的电话终于又来了。原来库拉和她丈夫带芳芳去了旧金山玩，还听了音乐会，逛了动物园。旧金山的气候比斯坦福冷，库拉送给芳芳一件湖蓝色的薄绒衣。而芳芳送给库拉从杭州带去的丝绸和茶叶。

芳芳喊库拉为美国妈妈。美国妈妈家里有一架三脚大钢琴，芳芳每天晚上都弹钢琴给美国妈妈听。美国妈妈的孩子们都已结婚成家搬出去住了，大大的房子只剩下两位老人。因此芳芳的到来，给他们增添了许多欢乐。他们家来往的客人很多，美国妈妈很喜欢中国孩子，遇到中国留学生的小孩，都会给他们一些小礼物。

几天后，芳芳传来了照片。我从照片上认识了芳芳的美国妈妈和美国妈妈的丈夫。芳芳生日那天，美国妈妈特意叫回来了她的女儿、女婿和外孙、外孙女来陪伴芳芳。他们给芳芳点燃生日蜡烛，陪芳芳吃蛋糕，唱生日歌，玩儿得相当快乐。几天后，芳芳才回到了自己的寝室。说是寝室，其实就是芳芳自己的一个单独的家。芳芳将在这个家里，生活五六年。学校虽然提供了床、书桌、衣柜，但芳芳仍然买了一只大书橱，以摆放那三箱海运过去的书。

我知道只有书，才能让芳芳感到富足和充实。

美国斯坦福大学的校园非常漂亮。但校园太大了，没有汽车根本玩不过来。芳芳和同学都戏称斯坦福大学是个大农庄，而他们就是这大农庄里的农民。这个学期芳芳选了三四门课，她的老师有美国人，也有华裔学者。芳芳英语不错，听课和会话都没有问题。只是初来乍到，吃了两天西餐就不习惯了。看到西餐就想吐的感觉，逼着芳芳只能自己买菜做饭。在家里，芳芳一次饭也没有做过。暑假里我让她学烧菜，她嫌麻烦，说："到那里吃西餐没有问题。"当然在杭州去西餐馆吃西餐，那是属于吃高档食物了。可是到了美国天天吃西餐，哪里能受得了呢？在我的劝说下，芳芳学会了做饭烧菜。第一次她自己做的便当，从照片上看，还颇像个样子呢！

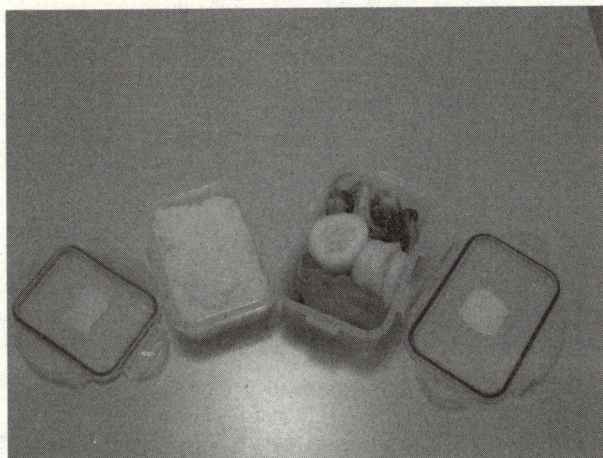

初来乍到，芳芳的交通工具只有自行车，去超市要搭师姐的汽车，有时是我的美国朋友余雪专门到斯坦福大学来接她去超市买菜。余雪是个非常热情好客的女人，也颇有才华。芳芳每到一处，总会有一些喜欢她的朋友热心帮助她。那天住在旧金山湾区的作家朋友，专门开车带她和她的同学在斯坦福大学的校园里游览，并拍了照片。斯坦福大学的校园有一股贵族气，有着一股朝气蓬勃的气息。在这里读书的学子，都是世界一流的优秀学生。在这里读博士，除了自己努力，别无他法。芳芳选的每一门课，几乎每堂课结束后就要写课堂论文。教授们都特别严格，容不得半点马虎。因此，她的大部分时间都用在学习上了。

　　斯坦福大学地域阔大，显得十分空旷而安静，非常适合芳芳。我想芳芳在这样的名校里深造，加上自己执著的治学精神、严谨的治学态度，也许未来能成为一名优秀的学者吧！

32. 爱她到永远

> 我们母女俩可以一步步走过来，风雨并肩，相依相偎，彼此温暖，最绕不过去的就是一个词：爱。这是我们的生活之爱，生命之爱，永远之爱。

芳芳去了美国不久，我就收到 2008 年第 5 期的《世界文学》，上面发表了芳芳的两篇小说译作。我不能如她在北京那样想去看她就去看她了，我只能通过邮局把杂志寄给她。我们毕竟隔着一个太平洋，只有 MSN 对话框才能让我感觉到她就坐在我身边。虽是虚拟的世界，却是真实的我和她。有时我们简短地聊点什么，有时彼此都忙什么话也没说。然而看到她在，就知道她在做功课，我的心便踏实了。

八月，我的长篇小说《荻港村》由上海文艺出版社出版了。终于有了一些空闲，有时就读一些理论著作，有时听听巴赫的曲子，过着一种闲适文人的宁静生活。

巴赫的音乐流淌着，家是如此安静，女儿已远远地飞走了。我一个人回想往事，那往事就像一条河，河中有浪花翻卷的故事，那故事在透明的水里，流淌着鲜红的血。我们的坚持，我们的疲劳，我们的忧伤，我们与病魔作斗争的一个个时刻，都清晰地在眼前闪现。在我的心灵深处，有一种寂寞孤独的辉煌和震颤。

如今女儿已在美国斯坦福大学攻读博士研究生学位。回想这么多年的生活，我们母女俩可以一步步走过来，风雨并肩，相依相偎，彼此温暖，最绕不过去的就是一个词：爱。这是我们的生活之爱，生命之爱，永远之爱。

最后我想用芳芳出生时我写的一章散文诗来结束这本书——

生命中的生命

你赤裸裸地来到这个世界，你用落地时第一次响亮的哭声，乞求妈妈对你的爱。呵！可爱的小精灵，让妈妈温暖的手臂融化你吧，你是妈妈生命中的生命！

你粉嫩的小脸为什么总是流着泪水？是因为妈妈对你的爱不够，还是对充满艰难的未来世界的恐惧？哦，妈妈知道了，在你的纯真世界里是没有一切束缚的，即使是泪水也浸润了微笑。哭吧！孩子，妈妈懂你。

妈妈也知道在你的哭声里包含着许多渴望的语言，那就让妈妈教你吧！你来到这个世界，妈妈就是你的第一个老师。

梦里的花蝴蝶，在你身边飞来飞去；而你柔软的肢体上穿着的绿色的小衫儿，是妈妈心中一块希望的田野……

2008 年 10 月 30 日初稿
2008 年 11 月 15 日二稿
2008 年 12 月 10 日三稿

后记　相遇是缘

　　写这部书，仿佛重温了一段已逝的岁月，也仿佛轻轻地抚摸着我曾经流血的伤口和战栗的灵魂。然而，所有的悲和喜都已成过去。一切都将从头开始，我渴望在新的旅途中走得更远。

　　感谢林茶居先生的赏识和敦促。如果不是他的努力，我这部书稿不可能这么快完成和面世；也感谢陌生的读者朋友，如果我的心能和你们的心相通与共鸣，那我飞扬而凄切的灵魂将得到安慰。

　　我要说的，都写在书里了。它就像一条河，汩汩地流淌着。有微波荡漾，也有狂风暴雨。我等待着读者朋友的评说。

　　相遇是缘，我们。

顾艳

2009 年 1 月 12 日